鬼平舌つづみ

文藝春秋編

文春文庫

お品書き

本文写真・丸山洋平／本文デザイン・鶴　丈二

鬼平舌つづみ

鬼平にこんな料理を食べてほしい、ひとこと「うまい!」と言わせたい!そんな想いをこめてつくりました。

——「鬼平ウェブ文庫」——

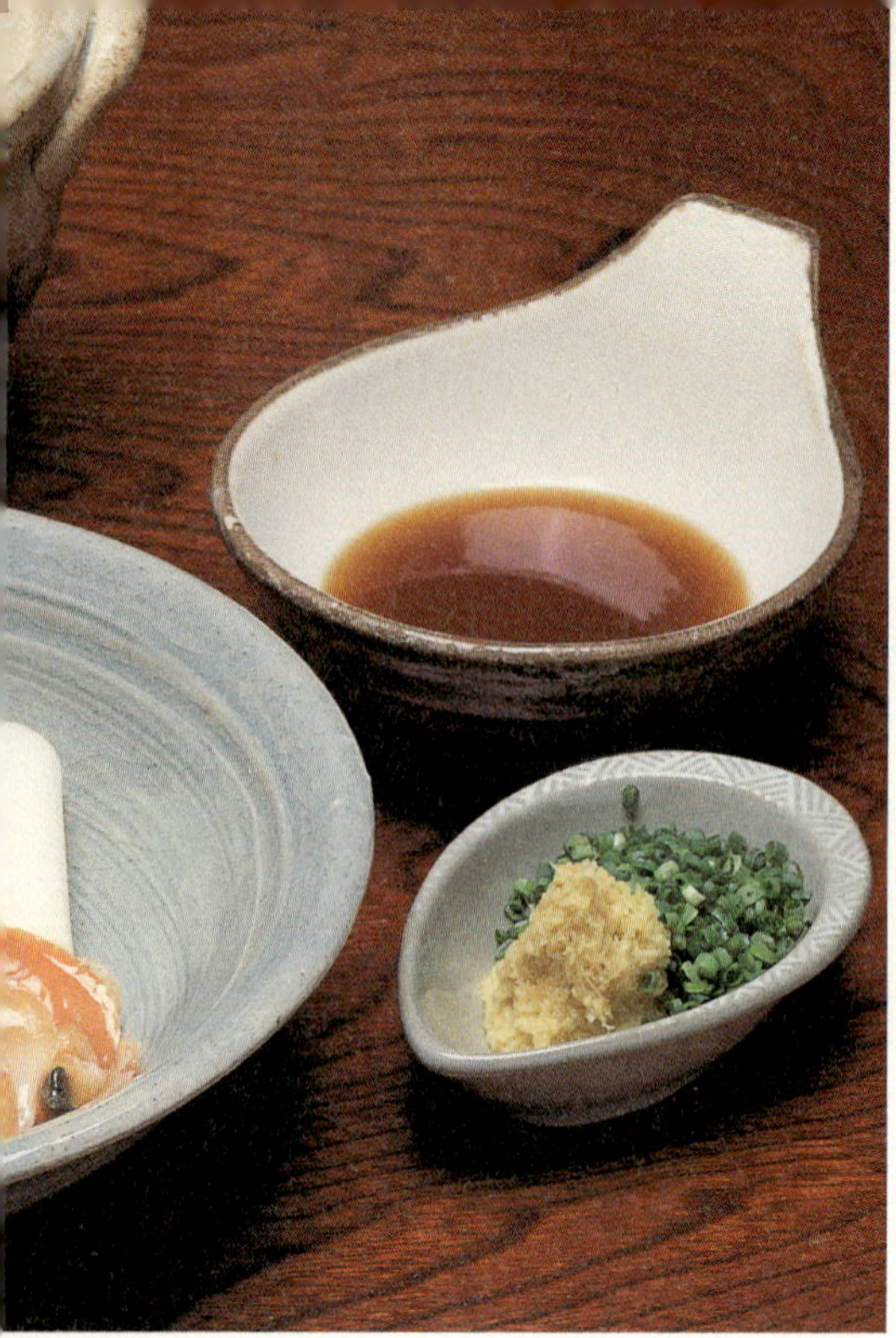

第一回

青柳の小鍋立て

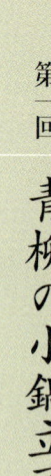

鬼平は、貝が好きである——

江戸時代から戦後まもなくまでは、深川は貝のむき身売りの本場だったから、若いころ本所、深川界隈で育った鬼平が貝好きなのも、もっともなこと。

殻からむいた青柳（刺身用のむき身でも可）のワタを取り、塩水でサッと洗う。小鍋に日本酒少々、水、だし昆布を入れ、沸いたら一寸切りの白葱《ねぎ》を入れる。青柳を〝しゃぶしゃぶ〟のように、浸けだれにつけていただく。火を通し過ぎないように。浸けだれは、だし1、醤油1、おろし生《しょう》姜《が》を少々。（以下、分量はおおよその割合。編集部）

鬼平犯科帳でも、貝柱のかき揚げとか、蜆《シジミ》汁とか、大根とむき身の煮物とか、蛤《ハマグリ》鍋などが登場します。

青柳《アオヤギ》は、東京周辺にかぎった名前で、千葉の青柳で獲れたものがよかったからその名がついたとか。

全国的にはバカガイとよばれている。天ぷらなどに使う「小柱」、あるいは「はしら」というのはバカガイの貝柱。

赤い舌（足）を殻から出した格好が、バカっぽいというのでこの名があるらしいのですが、味のほうはけっしてバカなんかじゃない。

かつて千葉の浦安、船橋あたりの漁師は、十一月から四月まで貝を獲っていて、昭和十年代までは、バカガイは、漁に出て一、二時間で船に満杯になったそうです。

おもに、浦安と船橋の間に広がる三番瀬が漁場でしたから、江戸の下町の人たちは、さぞかし新鮮でうまい貝が食べられたことでしょう。

いまでも、江戸前の素材というと「小柱」が主役のひとつで、これをさっと湯がいて山葵《わさび》醤油でいただく……。

たまりませんなぁ。

わたしなんか、これだけでお酒が三合ほどいっちゃいます。

このごろは、千葉県富津《ふっつ》岬のあたりが青柳の漁場で、富津公園にある店では、青柳を味噌と葱《ねぎ》で叩いて、ホタテの貝殻に詰めて焼いたものを出してくれる。

青柳を網で炙《あぶ》っただけのメニューなんてのもあり、現代の鬼平オヤジたちは、よだれを垂らすのであります。

前置きが長くなりました。

で、料理です。

もう青柳も、鍋も終わりの季節。

それを名残の小鍋立てとしたのが料理人・万作の憎いところで、新鮮な青柳を小鍋でしゃぶしゃぶ風にして食するのです。料理人・万作のプロフィールは、巻末で簡単に紹介していますのでご覧ください。

鍋に入れるのは、あとは白葱と豆腐ぐらい。

季節が変わるのを惜しみつつ、しみじみと。貝の甘さが、口の中に広がって……。

「えもいわれぬ」と、鬼平なら、ひと言もらすに違いない。

第二回

筍と合鴨のつけ焼き
カタクリとうす揚げの和えもの

［筍と合鴨のつけ焼き］
若い筍を皮のまま、水に米糠《ぬか》をいれて柔らかくなるまで茹《ゆ》で上げ、茹で汁といっしょにゆっくりと冷ます。筍の皮をむき、中をくりぬいて、合鴨のひき肉に酒、卵黄、小麦粉、醬油をまぜたものを詰め、酒、だし、薄口醬油、叩き木の芽を合わせた「山椒醬油《さんしょじょうゆ》」でつけ焼きにする。

鬼平は、〝レアもの〟好きだった!?

筍《たけのこ》といえば孟宗竹《もうそうだけ》を思い浮かべますが、江戸時代初期には、孟宗竹はまだ江戸にはなかったようです。それが長谷川平蔵の時代になってようやく江戸でも出回るようになりました。

平蔵とほぼ同時代の戯作者、大田南畝《なんぽ》の『奴凧《やっこだこ》』に

「わが若かりし頃は孟宗竹至つて少し（中略）一とせ秋月侯にて孟宗竹の羹《あつもの》を食ひしに味殊に美なり云々」

とあると、林春隆氏の『野菜百珍』（中公文庫　一九八四年）で引用しています。

ということは、平蔵が火盗改《かとうあらため》メの御頭《おかしら》をやっていた頃、孟宗竹は、けっこう〝レアもの〟として流行《はや》りだった!?

筍飯は目黒の名物ですから、鬼平の市中見廻りの足が、しばしば目黒に向かうのもむべなるかな、であります。

その筍と平蔵が大好きだった鴨の一品。

平蔵宅の夕餉《ゆうげ》のメニューにも「鴨の叩き団子と晒《さら》し葱《ねぎ》の吸い物」が出てきます。料理人・万作は合鴨を「加薬《かやく》」にしています。

前出の『野菜百珍』にも、「月環」とか「いこみ筍」とかいった詰め物＝加薬を使った筍料理が出てきますが、煮るのではなく、焼いたところが野趣をかもし出しています。

さて、もう一品はちょっと時期はずれになってしまいましたがカタクリ。

といっても、片栗粉ではありません。カタクリの花です。

いまでは片栗粉はすべてじゃがいもからつくられたデンプンですが、本当の本物はカタクリの根からつくられており、江戸時代でもカタクリ粉は貴重品でした。

カタクリはユリ科の植物で、東京では三月下旬から四月にかけて紫色の花をつけます。

いまも八王子や練馬の一部に見られ、保護されて見物客の目を楽しませています。

幕末に書かれた『武江産物志』には、いまの杉並・大宮八幡界隈で生産していたとあります。これは足田輝一『雑木林の光、風、夢』(文藝春秋 一九九七年)に詳しい。

著者の足田さんは、「科学朝日」や「週刊朝日」などの編集長をつとめたナチュラリストでしたが、惜しくも一九九五年に亡くなりました。

彼が生前、雑誌「諸君!」に連載していたものをまとめたのがこの本で、東京周辺の植物にまつわるエッセイが収められています。

しかし、残念ながら現在絶版。そのうちにウェブで復刊しようと思っています。


いまでは、カタクリの花は食用として、おもに秋田や山形で山菜の一種として栽培されており、以前よりは入手が簡単になりました。

そのカタクリの花にうす揚げを合わせてしまおうというのが、万作の魂胆です。

カタクリのそこはかとない味と紫の色、ちょっと濃い目かな、と感じるだし醤油の味が鬼平好みです。


ところで筍をくりぬいた中身はどこへ行ったんでしょう。

万作のことですから、梅肉和えかなんかにして、自分ひとりで一杯やったに違いないとにらんでいるのですが……。

［カタクリとうす揚げの和えもの］

カタクリの花をサッと湯通しして薄塩をあてておく。うす揚げは細切りにしてざるに乗せ、熱湯をかけ油抜きをしておく。だしと醬油を8対1ぐらいに合わせ、カタクリを軽く絞り、うす揚げと和える。上に白髪《しらが》葱《ねぎ》を盛って勧めます。

第三回

鰹のづけ丼／山独活の銀皮巻き

［鰹のづけ丼］さく取りした鰹を適当な大きさに切り、煮切り酒1、醤油5に5分ほど漬け込む。鰹を熱々のご飯の上に並べ、小口に切った浅《あさ》葱《つき》、もみ海苔《のり》、切り胡麻《ごま》、おろし生姜《しょうが》をのせていただく。

［山独活《うど》の銀皮巻き］鰹の腹皮に少し身をつけるようにして引き、縦3さくに切りつなげ、薄塩をあてておく。独活は皮をむき、水につけてあく抜きをする。割り箸くらいの太さに切り、先の腹皮を巻きつけて焼く。3センチほどの長さに切り、胡麻味噌を添えて勧めます。

鬼平は、初鰹を食べてはならぬ。

江戸っ子が珍重する初鰹。鎌倉の沖で鰹があがると、八丁櫓《はっちょうろ》で船を飛ばして一番に江戸に運ぶ。その年、初めて河岸《かし》にあがった鰹一本の値は三両、いまの貨幣価値でン十万円にもなったといいます。それほど初鰹は美味だったかというと、旨《うま》かった。

以前、四月に鎌倉沖であがった鰹の、しかも河岸でもかなり高値がついたものをいただきました。

美味！

味に透明感があって、じつにさわやかでした。すっきり味の上り鰹か、脂の乗った下り鰹か、意見の分かれるところですが、この体験で、私は上り鰹に軍配をあげるのであります。

江戸時代は氷もなく、鰹は、釣るとすぐ樽に頭を下にしてつっこんで運んだようです。樽の中には、元水《もとみず》という鰹があがった海域の海水と笹の葉を入れる。

東京で一番値が出る初鰹は伊東沖であがったもので、昭和四十年代までは、「しょいこみ」というかつぎ屋さんが背負って、列車で新橋まで運んでいました。四キロ前後のものがいちばん味がよく、高級料亭などに引き取られていい値になったそうです。いい初鰹は、昔もいまも値が張る。

平蔵は火付盗賊改方という役目柄、役料というお上支給の金は出るものの、探索などに金がかかり、自腹を切ることも多かった。だから日頃は質素倹約。接待なんぞも、あまりなかっただろうから、まず初鰹などは言語道断。

まあ、そんなことを池波氏自身が『池波正太郎・鬼平料理帳』(文春文庫　一九八四年)で語っています。

それだからこそ、平蔵に鰹を食べさせたい、と料理人・万作が作る鬼平好みの鰹メニューは、まず「づけ丼」。

「づけ=漬け」という魚の食べ方は偉大なもので、たいていの刺身は、煮切り酒と醤油を合わせたものに漬け込んで飯に乗っけると、それだけで幸せになりますね。

残念ながら鰹は釣ったことがないのですが、釣り人に嫌われるソウダ鰹などでも、釣ってすぐ血を抜き、胡麻《ごま》をあたったものに酒と醤油、砂糖を加えたたれに漬け込み、置くことしばし。それを温かな飯に乗っけて食うと、思わずうなってしまう。

それと「山独活《うど》の銀皮巻き」。

平蔵は独活が大好きです。奥さんの久栄に肩をもんでもらいながら、独活の糠《ぬか》漬けを肴《さかな》に寝酒をやっている、なんてシーンが文春ウェブ文庫巻之弐拾七『盗賊婚礼』(文春文庫新装版七巻所収)に出てきます。

渋いですね。でも、いまの独活は渋くもなければ、香りもない。

そこで万作は山独活を使った。鰹の腹皮＝銀色がみごとなので「銀皮」なのですが、これで山独活を巻き、焼いてしまおうというのだから、山海の野趣ここに極まれり。

ところで「鰹の叩き」はいつごろからあったか? 文献に登場するのは浅井了意の『東海道名所記』が最初という。舞台はいまの神奈川県二宮町で、江戸初期のこと。

なんと関東で食されていた!

また、現代の調理法と同じものが『伝演味玄集《でんえんみげんしゅう》』(延享二〈一七四五年〉)という料理書に載っているとか。これらは、鈴木晋一氏の『たべもの噺』(小学館文庫 一九九六年)に詳しい。

悪を叩く鬼平は、鰹の叩きも口にしていた! としてもおかしくはないのであります。

万作の手で山独活の皮がきんぴらに変身して、鬼平好きのオヤジたちを喜ばせたことは、いうまでもありません。

第四回

むき蛤の串焼き

鬼平も「その手は桑名の焼き蛤」

鬼平犯科帳の文春ウェブ文庫巻之九と巻之拾（ともに文春文庫新装版三巻所収）は、おもに東海道と京都が舞台。

貝好きの池波正太郎氏のことですから、東海道の宿場・桑名《くわな》に平蔵を宿泊させ、名物の「焼きはまぐり」をごちそうするかと思ったのですが、残念ながら、焼きはまぐりは登場せず。まさに「鬼平は桑名（食わな）の焼き蛤《ハマグリ》」というわけです。

そこで、貝好きの鬼平に、焼きはまぐりを食べさせたい、と料理人・万作がひと肌脱いだ。

食通で知られる本山荻舟《てきしゅう》著『飲食事典』（平凡社　一九五八年）によると、江戸時代に伊勢（三重県）の桑名が名所になったのは、東海道の要衝にあたったからで、当時、桑名の茶店では、松原に落ちている松ぼっくりを拾い集めて、蛤を焼くのが習いだった。

むいたハマグリを平串に3つほど刺し、白焼きとする。白葱《ねぎ》は3センチぐらいに切り、平串に刺し焼く。辛子味噌を添えて勧める。

松ぼっくりとはいわないが、炭火で調理できれば仕上がり、味ともに最高。まず、何もつけずにがぶり！次に味噌をつけていただく。貝の持つ独特の甘味に、辛子味噌がよく合います。

本山荻舟という人は実にもの知りで、いまは佃煮風の蛤を「時雨はまぐり」といいますが、元はといえば「時雨はまぐり」は、焼きはまぐりだった、なんてことも出ています。元和二年（一六一六）に烏丸大納言光広が関東に下る際、桑名で焼きはまぐりを賞味したとき、時雨がやってきたのを見て、

「神無月ふりみ降らずみ定めなき、しぐれぞ冬の初めなりける」

の古歌にちなんで、「時雨」と名づけたというのです。

ハマグリは採取が簡単なうえ、可食部分が多いので昔から食用にされ、文春ウェブ文庫に収められている平野雅章氏の『たべもの歳時記』の「はまぐり」の項には、全国百カ所以上の貝塚から出土した貝のうち、一番多かったのがハマグリ、次が牡蠣《カキ》だったと記されています。

もちろん、江戸湾もハマグリの宝庫で、江戸時代の随筆『三省録』には、「蛤は四季とも沢山なる物にて、倹を摂する第一なり」とあります。

また江戸の風俗を記録した『守貞謾稿』にも、「蛤価京坂貴《たか》く、江戸賤《ひく》し」とあることなどから、かなり漁獲量が多く、安価だったことがわかります。

アサリで作る深川めしも、昔はハマグリでやっていた、と池波正太郎氏も語っています。

ところが、内湾のハマグリは昭和四十年代以降激減し、それまで桑名で、年間水揚げ二千トンあったものが、いまでは数トンに落ち込んだといいます。

現在、国内のハマグリ供給の九割は、韓国や中国、北朝鮮からの輸入に頼っている状況で、国産ものは高級食材になってしまいました。

国内のハマグリには、内湾の干潟にすむいわゆる「ハマグリ」と、外洋性の「汀線《ちょうせん》はまぐり」があり、内湾のハマグリの漁獲量は、熊本県を中心に年間三百トンほど。外洋性は、茨城県を中心に千トンほどの漁獲量です。

茨城県の波崎漁協では、「汀線はまぐり」という名称が「朝鮮はまぐり」と誤解されるので、「鹿島灘はまぐり」というブランドで出荷しています。

ちなみに輸入物はシナハマグリが主です。

ハマグリの旬は初冬から晩春にかけてですが、他の貝と違って年中ほぼ無毒。

煮るか、焼くか意見の分かれるところですが、巻之九と巻之拾にちなんで、あえてむいて串刺しにし、焼いたというのが万作のこだわりです。

第五回　伊佐木の細造り

鬼平は、「シコッ」に「むむ……」である。

文春ウェブ文庫巻之拾壱「兇剣」（文春文庫新装版三巻所収）の冒頭の記述——。

………生簀《いけす》からひきあげたばかりの鯉を洗いにした、その鯉のうす紅色の、ひきしまったそぎ身が平蔵の歯へ冷たくしみわたった。

「むむ……」

あまりのうまさに長谷川平蔵は、おもわず舌つづみをうち、

「これは、よい」………

長谷川平蔵は、「シコッ」とした歯ごたえ、淡泊な中にも繊細な脂の乗りがあるのがお好み。

これからの季節は、鯒《コチ》や鱸《スズキ》の洗いがごちそうとなりますが、これらが「シコッ」に弱

イサキは三枚におろし上身とし、皮をひき細造りとします。小口切の浅葱《あさつき》、きざみ紫蘇《しそ》の葉と混ぜ、生青海《あおの》苔《り》を添え、最後に針山葵《わさび》を添えます。

皮つきのまま皮目をさっと炙《あぶ》るか、湯引きするかして、すぐ冷水にとって冷やし、水気を去って造るのも、皮が「シコッ」として一興です。

い平蔵の大好物だったことは間違いない。

しかし高級な料理とはいえ、これらは江戸時代でも食べられたわけです。

では、初夏のこの時期、東京湾の魚で、昔は口にできなかった「シコッ」ものといえば、う〜ん、イサキではないか、と料理人・万作は考えた。


イサキ、漢字では伊佐木。背びれが鶏のとさかを連想させたものか、鶏魚とも書きます。スズキ目の魚で、旬は産卵直前の初夏。しかし、『本朝食鑑』(元禄十〈一六九七〉年)には、イサキは「魚中の下品、民間の嗜《たしな》むところ」とあります。

これはイサキの漁場が江戸から比較的遠かったため、魚河岸に着くころには身がゆるみ、刺身やたたきといった生の旨さは知る由もなかったからでしょう。

もちろん、塩焼きでも充分においしかったとは思うのですが。

盛川宏氏の『釣魚歳時記』(文春文庫　一九九八年)には、イサキは冷凍のアミコマセがない時代には、素麺《そうめん》を砕いて茹でたものを寄せ餌にして、サクラエビを餌にして釣ったり、外房や南房では魚皮を使った疑似餌で釣っていたそうで、それがアミコマセを使うようになってから、釣果が数十倍になったとあります。

いまもイサキ釣りは大人気。関東では、半年ほど禁漁期を設けている場所もありますが、産卵期とその直後を除き、ほぼ通年、イサキ釣りの船が出ています。冬のイサキの味もなかなかなもので、この釣り人たちがイサキのおいしさを広めたと言えます。

漁師と釣り人の特権だったイサキの生食も、流通と冷蔵技術の発達で徐々に広まり、いまやイサキは高級魚。

とくに三浦半島や房総半島の先で釣られた三十五センチを超えるものは、結構な値がつきます。

漁師がいちばん魚の旨《うま》い食い方を知っているというのは常識ですが、イサキもその例にもれません。

房総半島の漁師たちが作る「水膾《なます》」は、釣り上げてすぐのイサキの身を叩き、紫蘇《しそ》、葱、茗荷《みょうが》、生姜《しょうが》といった薬味と合わせ、作っておいた冷たい味噌汁にぶちこんで、汁ごとかっ込むというもの。

この季節、鬼平が外房まで出張っていたら、庶民派の平蔵のこと、漁師たちと「水なます」をすすっていたでしょうね。

料理人・万作は、それよりは少し高級感をもたせ、イサキを細造りにしました。鯵《アジ》の脂より繊細で、歯ごたえもいい。味に透明感がある初夏の逸品です。

第六回　白瓜のいこみ茄子

鬼平は、部下の好みも知らねばならぬ。

鬼平犯科帳の作品のなかに、以下のようなシーンがあります。

………平蔵は久栄に、

「酒を出してくれ。肴《さかな》は何だな？」

「五鉄のあるじが、かる鴨をもって来てくれましたので、葱《ねぎ》と共に焼きますか？」

「よいな」

「それに、瓜《うり》もみと……」

「結構。瓜もみは佐嶋の大好物だ」………

（文春ウェブ文庫巻之参拾「白と黒」・文春文庫新装版八巻所収）

佐嶋とは、平蔵の片腕となって活躍する与力、佐嶋忠介のこと。

白瓜は両端を切り、中の種を取り除き、塩ずりします。茄子《なす》は、はかまを切り落とし、塩ずりして、縦4つ切りとします。茄子を白瓜の中に入れ、昆布にてはさみ、重石を使い半日ほど押し漬けにします。

その佐嶋の好みも忘れない鬼平、まさに管理職の鑑《かがみ》である。

ところで、この瓜もみの瓜は、胡瓜《きゅうり》であったか、白瓜《しろうり》であったか？

これは著者に聞かなければわからないが、胡瓜でも白瓜でも、うすく切って塩でもみ、三杯酢をかけたものが瓜もみ、夏の味覚です。

（もっと詳しい作り方を知りたい方は、かの食通・北大路魯山人の弟子、前出した平野雅章氏の文春ウェブ文庫『たべもの歳時記』をご覧ください。「雷干し」なんていうのも載っています）

瓜は生で食する「真桑瓜《まくわ》」の類と、漬物にする「つけ瓜」の類がありますが、もう真桑瓜なんて言ったたって、四十代以下の人はわからないだろうなぁ。

これ、メロンが一世を風靡《ふうび》する前の、夏の代表的果物です。

で、つけ瓜の代表格が白瓜。

「越瓜」とも書くのは、古く中国から渡来したためで、六世紀前半に出た賈思勰《かしきよう》の『斉《せい》民要術《みんようじゅつ》』には、いまでいう白瓜の醤油漬や奈良漬などが記されていて、日本でも天平時代（八世紀）には瓜の漬物があったそうです。

なぜか、瓜は茄子《なす》とコンビを組むことが多い。

「瓜の蔓《つる》に茄子《なすび》はならぬ」なんてことわざがあったり、江戸時代には、茄子と瓜だけを売る者を、前栽《せんざい》売りといって、八百屋とは区別していました。

『守貞謾稿』には、

「前栽売りは数品を携へず、瓜・茄子の類あるひは小松菜等一、二種を売るを云ふ。八百屋は数種を売るの名なり」

とあります。

そういえば、芭蕉の句にも、

秋涼し手毎《てごと》にむけや瓜茄子（『おくのほそ道』）

というのがありますね。

東京・築地の青果市場には、白瓜は四月中旬ころからハウスものが入り始めます。産地は千葉で、露地ものがおいしくなるのは七月の声を聞いてから。

料理人・万作は、この時期をみはからって、茄子とコンビで漬物にしました。瓜の中に、紫蘇の葉で巻いた青唐辛子を詰めてもろみ漬けにした、成田山名物の「鉄砲漬」などもおいしいものですが、はしりの野菜を浅く漬けて、平蔵と佐嶋忠介に楽しんでもらおう、というのが万作の心遣いです。

第七回

鮎の梅香煮びたし

鮎は白焼きとし、だし８、酒½、味醂《みりん》½、醤油½に、梅干し２～３個入れ、落とし蓋をおき、弱火にて10分ほど煮含ませます。あしらえに小松菜のお浸しを添えます。

白焼きを充分にするのがコツ。待てる人は、煮込んだら、涼しいところにおいてそのまま一晩寝かせます。寝かせる場合には、調味汁はやや控えめに。

鬼平は、四十女も好き!?

鬼平の生みの親・池波正太郎氏は、鮎《アユ》が好きで、ことに埼玉県寄居《よりい》町の旅館「京亭」の名物「鮎めし」が大のひいきだったそうです。

池波氏の鮎好きは、鬼平犯科帳の短編、文春ウェブ文庫巻之五拾壱「さむらい松五郎」(文春文庫新装版十四巻所収)の中に、目黒不動裏の「伊勢虎」という料理屋を登場させ、玉川(多摩川)で獲れた鮎の膾《なます》と「鮎飯」をそこの名物料理に仕立てたことからもうかがえます。

鮎は、地元の川であがった獲れたてを、塩焼きにして賞味するに限る——食通といわれる人たちは、ほとんどがそう書いています。

鮎ほどお国自慢がはげしい魚はなく、江戸では、多摩川の鮎がいちばんでした。

多摩川の鮎は四谷あたりにまで売りに来たらしく、浜田義一郎著『江戸たべもの歳時記』（中公文庫　一九七七年）によれば江戸川柳『柳多留《やなぎだる》』のなかにも、「秋の四谷を鮎唄のさびた声」の句がおさめられていると、記されています。

四谷から、清水門外の平蔵の役宅までは、そう遠くありませんから、平蔵も多摩川の鮎の塩焼きを食べていたかもしれません。

たしかに、私の少ない鮎体験のなかでも、ベストワンは塩焼き。お国自慢になりますが、東北の生まれ故郷で食べた十センチあるかないかの、釣りたての若鮎でした。

鮎を「香魚」とも書きますが、まさに香りに気品があって、それはそれはおいしいものでした。

鮎体験の二位は、九州は人吉盆地を流れる球磨《くま》川で獲れた、卵を抱いた大鮎の煮びたし。薄味で炊いてあって骨までやわらかく、頭から全部いただける。

「これまた違った味わい」と感動した覚えがあります。

ところで、一度体験してみたいのが、鮎の「五右衛門汁」。

これは盛川宏氏の『釣魚歳時記』（文春文庫　一九九八年）に出ているもので、鮎釣りに小さい鍋を持っていって、川原で焚き火をして味噌汁を作る。この中に鮎をふたつ切りにしてぶちこんだもので、野生のフキなどあるとなおよい、とある。

細かい脂が、味噌汁に浮いて、なんともうまそうです。

「五右衛門汁」とは、昭和初期に『釣魚大全』を書いた上田尚《ひさし》という人の命名で、ちなみに上田氏によると、鮎は「背肉はちきる八月のアユが一等で、初物食いの若アユを喜び、四十女の子持ちアユを好むというのは真の味がわからないからであろう」とのこと。

私の味覚の未熟さを言い当てられたようで、ちょっと複雑な気持ちです。

さて料理人・万作はというと、あえて煮びたしを選びました。それも暑気払いということで、梅の香りをきかせた逸品です。

第八回

竹釜の葛餅

空豆のおはぐろ（黒い部分）に切り目を入れ、塩茹《ゆ》でして甘蜜に含ませる。吉野葛200グラム、水200ミリリットル、砂糖100グラムを鍋に入れ、最初は強火で、沸騰したら弱火にて透明になるくらいによく練り上げる（約10分）。先の空豆の皮をむき、できあがった葛にすばやく混ぜ合わせて竹の釜に流し込み、冷水にて冷やす。黒蜜と黄粉《きなこ》を添えて勧めます。

鬼平の口に入らなかった「くず餅」

池波正太郎氏が、京都・祇園にある菓子舗「鍵善」の店先で「くず切り」を食べていた時のこと。

酒に火照《ほて》った口中に「くず切り」の涼しげな甘さが広がったとき、池波氏は、なぜか直木賞の選考に、（ああ、今度も落ちるな）と思ったという。

以上は昭和三十五年の話で、池波氏はこのことを『食卓の情景』（新潮文庫　一九八〇年）に書いています。

味とか匂いは記憶を呼び起こすといいますが、池波氏にとって「くず切り」は、ちょっと複雑なうまさを秘めた食物だったのではないでしょうか。

「くず切り」の材料は葛、マメ科の蔓《つる》性の多年草で、その根からとるデンプンが葛粉。もっとも良質なデンプンといわれています。秋の七草のひとつですが、葛を使った飲食物、たとえば葛水、葛餅、葛練り、葛饅頭、葛桜、葛素麵等々は夏の季語です。葛のもつ透明感と、のどごしのよさが涼味なのでしょう。

葛水は、葛湯を水でのばして冷たくした飲み物。涼しげなだけでなく、酒の酔いをさます効果があります。

葛饅頭と葛桜は、餡を葛の生地で包んだもの。水饅頭などもこの一種です。

葛練りは葛粉を水溶きしたものに塩少々と砂糖を加え、火にかけてやや堅めに練ったもの。


ところが、古くからの江戸名物の「くず餅」だけが葛粉を使っていなかったというのはご存じでしたか？

亀戸天神名物の「くず餅」を商う老舗「船橋屋」は、創業が文化二年（一八〇五）。下総《しもうさ》船橋から江戸に出てきた初代の勘助は豆腐屋でしたが、亀戸天神が参詣客でにぎわっているのに、これといった名物がないことに目をつけ、「くず餅」を始めたとされています。

江戸時代の『料理物語』には、

「葛粉一升に水一升五合入れ、ねりて出し候。餅は豆の粉（きなこ）、塩、砂糖かけてよし。また葛の粉はいつも薬研《やげん》にてよくおろしてこね候」とありますが、船橋屋が亀戸天神前に店を出した時には、すでに「くず餅」には小麦デンプンが使われていたそうです。

以上は、守安正著『日本名菓辞典』（東京堂出版　一九七一年）に詳しく出ています。

また川崎大師の名物としても「住吉」の「久寿餅」が有名ですが、ここも本葛ではなく、小麦デンプンを使用しています。もともとはわらび餅と称して、葛の粉をわらびの粉と混ぜて作っていたお菓子を、のちには小麦デンプンを使って作ったところ、これが江戸っ子の嗜好《しこう》に合って人気になりました。

江戸近郊では小麦の生産量が向上し、材料には事欠かなかったことも「くず餅」がひろまるようになった大きな要因です。

本葛の葛餅と「くず餅」、鬼平は江戸っ子ですから、亀戸天神名物「くず餅」に軍配をあげるかもしれませんが、残念ながら鬼平の時代には「くず餅」はまだありませんでした。

冒頭の池波氏の「くず切り」の想い出にちなんで、料理人・万作は本葛を使い「葛餅」を作りました。空豆の緑が涼味をもりたてています。

第九回
興津鯛と大根の皮の三杯酢漬け

興津鯛を炙《あぶ》り焼きして裂きます。
かつらむきした大根の皮を１時間ほど陰干しして、せん切りにし、三杯酢に漬け込みます。大根の葉の茎はみじん切りにして塩もみし、絞ります。
盛りつける直前に、絞った大根の葉を三杯酢に漬け込み、先の大根と一緒に軽く絞って、興津鯛に添えます。

鬼平は、恐れ入ったか興津鯛。

興津《おきつ》鯛とは静岡県で産するアマダイの一夜干しをいいます。

興津鯛というからには、清水市興津であがったものをいうのでは？　という気もしますが、肥前平戸藩主松浦《まつら》静山《せいざん》は、その随筆『甲子夜話《かっしやわ》』のなかで、興津鯛のいわれについて以下のように書いています。

「或る人より聞く、駿海産の甘鯛を生干しにしたるをオキツ鯛と称して名品の一なり。今は興津の産なりと覚ゆる人もあるは誤りなり」

興津で獲れたからではなく、徳川家康が駿府《すんぷ》に居たときに、おきつという名の奥女中が献上した生干しのアマダイを家康が喜び、その「おきつ」の名にちなんで興津鯛と呼ぶようになったのだと記しています。

ところが異説は多々あり。

江戸城のすす払いの日にアマダイが出て、家康がそばにいた興津の局に「これは興津、鯛か?」とたずねたからだとか、徳川家康が興津の名刹、清見寺《せいけんじ》あたりを訪ねた折に食べたアマダイの一夜干しを気に入り、以後「興津鯛」の名がついたとか、いやいや木村興津守(架空の人物)が献上したからだとか……。

いずれにせよ、徳川家康の好物で、アマダイを開きにして一夜干しにしたものが興津鯛ということになります。

興津は東海道の宿場町で、鬼平犯科帳のウェブ文庫巻之弐の「血頭の丹兵衛」(文春文庫新装版一巻所収)には、密偵・小房の粂八《くめはち》が、この興津から薩埵《さつた》峠を越え、峠のふもとの茶店で老盗賊・簑火の喜之助と会う場面があります。

取材の時間がなかった池波正太郎氏は、広重の東海道五十三次「由井」の画面を参考にしてこの場面を描いたそうですが、池波氏はのちに興津を訪れ、江戸時代の本陣だった旅館「水口屋」に泊まり、興津鯛を味わっています。

アマダイには、シロアマダイ、アカアマダイ、キアマダイとあり、味も値段もその順だとされていますが、地方によって味は微妙に異なり、「興津鯛はキアマダイだけれども美味《うま》い」とは、本山荻舟氏の言です。

アマダイは身がゆるいので、塩をあて、生干しにするくらいがちょうどいい。これを炙《あぶ》るときには、鱗《うろこ》はひかず、皮も鱗と一緒に食べると味わいが深い。また尾や鰭《ひれ》はちょっと炙って器に入れ、熱燗《あつかん》をそそいでひれ酒にするといい。捨てるところがあまりない魚です。

なにせ神君・家康公の好物だけあって、江戸時代には大名や上士クラスしか食べられなかった高級品。

興津のすぐそば、清水出身の料理人・万作としては、是非とも鬼平に興津鯛を勧め、自慢したいところでしょう。

第十回

ハゼのから揚げ

ハゼは腹ワタを抜き、ウロコをとってきれいにします。ハゼの水分を拭きとり、片栗粉をつけて揚げます。旨味《うまみ》だし（だし6、味醂《みりん》1、醤油1、酒少々）を作っておき、揚げたてのハゼにかけ、天盛りに白髪葱《しらがねぎ》を盛って勧めます。

鬼平は、ハゼで元気をとり戻す。

ウェブ文庫巻之弐拾弐収録の「大川の隠居」（文春文庫新装版六巻所収）は、平蔵が寝込んでいる場面から始まります。

夏の疲れが出たのか風邪をひいて熱をだし、十日ほどふせったある朝、目覚めると熱も下がり、気分爽快。

「白粥《しらがゆ》に半熟玉子、梅干という朝餉《あさげ》も、今朝は、ことのほかうまかった」

と、平蔵は回復します。さらに「大川の隠居」の最後には、大川に舟を出させた平蔵が、

「この嶋やというのは、おれがなじみでな。腕のいい板前がいて、いまごろは、あぶらの乗った沙魚《はぜ》をうまく食わせる」

と、老船頭を船宿に誘うシーンが登場。

夏バテから始めて、ハゼという江戸の秋の味覚をラストでさりげなく登場させる、心憎いまでの季節感の演出です。

秋といえばハゼ。江戸の昔からいまに至るまで、夏から秋のお彼岸ごろまでは、「陸っぱり」といって、東京湾にそそぐ川や運河の浅瀬に立ちこんでのハゼ釣りがさかんです。ところが、晩秋から初冬になると、大きくなったハゼは徐々に海の深いところへ出てゆき、簡単には釣れなくなります。これを「落ちハゼ」といい、当然、船での釣りになります。

微妙なあたりをとる釣法は、江戸前釣師の腕のみせどころ。昔は、船頭が櫓《ろ》を練り、糸巻きをつけた手バネ竿を使って釣らせたものですが、そんな船宿も、いまではほとんどなくなってしまいました。

落ちハゼ釣りについては、ムツゴロウの愛称で親しまれる畑正憲氏の『ムツゴロウの大漁旗』（文春文庫　一九七九年）に「涸沼《ひぬま》川のハゼ」という名作があります。茨城県の涸沼川は、いまでも落ちハゼ釣りができる貴重な釣り場で、ムツゴロウ氏は、十八年間住んでいた東京を離れる感傷を抱きつつ、おだやかだった生活に名残りを惜しみ、涸沼川でハゼを釣るのです。文中では、ハゼ釣りの醍醐味から竿の話、東京湾の汚染まで語られますが、最後は、持ち帰ったハゼを、夫婦して半分を刺身に残りの半分を天ぷらにして味わい、新たな生活に向かって元気をとり戻すところで終わります。

昔から「彼岸ハゼを食べると中風にならない」といいますが、ハゼは精神的な疲労回復にも効果があるようです。

陸っぱりでの小さなハゼは、から揚げや南蛮漬けに最適ですが、落ちハゼといわれる大きなハゼは、食通をうならせる食材になります。私の釣りの師匠である藤井克彦氏は、深川在住のまさに〝江戸前釣師〟で、それこそ和船での落ちハゼ釣りの名人です。

それだけにハゼへのこだわりもなみなみならぬものがあって、藤井氏が編集した『至高の釣魚料理』（主婦と生活社　一九九五年）には、究極のハゼ・メニューが紹介されています。料理指導は遠藤十士夫氏、四条流師範の包丁人で、「鯊《ハゼ》の洗い」や「鯊の卵の酒煮」、「鯊の卵の塩辛」などなど。さらには「鯊丼」などというものまであります。

ちなみに「鯊丼」とは、生きたハゼを三枚におろし、身を昆布〆にし、ご飯に乗せて出すというもの。ご飯の上に湯がいた菊の花を散らし、身には刷毛《はけ》で醬油を塗り、仕上げにもみ海苔《のり》を散らす。

一見、簡単そうですが、藤井氏によると「ハゼは淡泊なので、昆布で〆る時間が長すぎると、昆布の味が勝ってしまう。ハゼの持ち味を生かしながら、そのうまみを昆布が引き出すタイミングが味を決める」とのこと。

落ちハゼ釣りに挑戦し、いちどは味わってみたいあこがれの丼です。

残念ながら落ちハゼにはまだ時期が早すぎます。いまは彼岸ハゼの季節、から揚げにして頬ばりたいものです。

第十一回

蛸の塩茹でと蒸し里芋

蛸《タコ》は目、口、墨袋をとり、よく塩でもみます。水できれいに洗い流し、なべに湯を沸かして塩を加え、蛸を足から入れます。茹《ゆ》で上がったらざるにとり、冷ましておきます。里芋は蒸してから皮をむき、塩入り黒胡《ご》麻《ま》をつけて食します。

「芋　蛸　鬼平犯科帳」

「隠居金七百両」（文春ウェブ文庫巻之弐拾四・文春文庫新装版七巻所収）は、こんな台詞《せりふ》から始まります。

「あんな、芋の煮ころがしのような小むすめの、どこがいったい、いいというんだろうな。まったくもってその、あきれ返ってものもいえないよ」

長谷川平蔵の息子である辰蔵の悪友・阿部弥太郎が、辰蔵の〝悪趣味〟をいいたてる場面です。けれども辰蔵のほうは、その芋むすめにぞっこんで、

「いやもう、弥太郎さん。白粉《おしろい》くさい女《の》とはちがって、見るからにそのみずみずしいのだ。見ているだけで生つばが出てくる」

なんぞと、言ってのけるのです。

旧暦の八月十五日は、中秋の名月。いわゆる「お月見」の日ですが、とくにこの日

りますり。

（または旧暦の九月十三日）は芋名月とよばれて、里芋をお供えし、いただく習慣があります。

中秋の名月に里芋の小芋、つまり「衣《きぬ》かつぎ」を賞味することは、室町時代からおこなわれていて、この日に里芋の掘り初めをする風習も全国に残っているそうです。

皮つきのまま塩茹でにした里芋を「衣かつぎ」と表現したことに、希代の調理人、辻嘉一氏は、平安時代の上臈《じようろう》が衣を頭からかぶっている姿を連想し、「茶っぽい小芋の一端を指で押すと、おもいがけないほど美しい白肌が飛び出し、とろけるようなおいしさが『衣かつぎ』と名づけさせたのだと思います」（辻嘉一『料理心得帳』中公文庫一九八二年）と書いています。芋と女性の肌が結びついた、なんとも色っぽいイメージ。そうして見ると〝芋むすめ〟に目をつけるとこなんざぁ、辰蔵もさすが平蔵のせがれ、よくわかっている！　と感心せざるをえません。

池波氏も芋は好物だったようで、鬼平犯科帳にも「芋膾《なます》」（文春ウェブ文庫巻之拾八・文春文庫新装版五巻所収「兇賊」）や「里芋と葱《ねぎ》のふくめ煮」（同巻之参拾九・同十一巻所収「土蜘蛛《つちぐも》の金五郎」）を登場させ、平蔵も里芋と葱のふくめ煮には、いたく感心しています。また、東北地方へ講演旅行に行った折り、秋田県大曲《おおまがり》市の宿舎で女中さんにチップを握らせ、大鍋いっぱいの芋ノコ汁を作らせ、三杯もおかわりをした話は、ご自身が『食卓の情景』で披露しています。

田辺聖子さんのエッセイ『芋たこ長電話』(文春文庫　一九八四年)は、現代女性が好きなもの、ということから名づけられたそうですが、私だったら「芋　蛸　鬼平犯科帳」ってところでしょうか。

むかしから芋と蛸は相性がよく、これから出回るイイダコなどと醬油っからく煮〆たものなどは、まさに江戸の味です。私も、田舎出の〝芋オヤジ〟のせいか蛸とは相性がよく、キス釣りやカワハギ釣りの外道にキロ超の真蛸を釣り上げたことが何回かあります。真蛸《マダコ》はお掃除がたいへんで、たっぷりの塩で吸盤や足の付け根などを重点的にもみます。ヌメリからでる泡でいっぱいになりますが、「これでもか!」とよ〜くもみます。これを流水でよく洗い、たっぷりのお湯で茹でる。くれぐれも茹ですぎないように。あとはぶつでやるなり、刺身に造るなり、どうやっても美味《うま》い!

友人の自慢レシピは、さっと茹でた真蛸をビールだけで煮る「蛸のビール煮」。煮上げたものを冷やし、煮汁が煮凝《にこご》り状態になったら食べごろ。これは絶品! なんだそうですが、残念ながら、このごろ真蛸が釣れず、まだ試してはいません。それに鬼平の時代にはビールはなかったので、平蔵に出すわけにはまいりません。

真蛸にしろ、里芋にしろ、蒸し上げたり、茹で上げたりしただけで充分な美味《うま》さをもっているものは、シンプルにいただくのがいちばんです。

料理人・万作も素材勝負、と単純な調理法に徹しました。

第十二回

石鰈の昆布〆と菊花おひたし

石鰈は五枚おろしにして皮をひき、昆布にてはさみ、半日ほどメます。菊は花びらをむしり、酢を少々入れたたっぷりの熱湯にて茹《ゆ》で、すばやく冷水であく抜きし、濃い目の吸い物のだしに漬け込みます。

御頭、たまには煮つけではなくお造りを！

鬼平犯科帳の生みの親、池波正太郎氏は、鰈《カレイ》が大好物でした。それも煮つけ。池波さんの曾祖母は、若いころに摂州尼崎四万石、松平遠江守《とおとうみのかみ》の奥女中をつとめていたそうですが、この方が鰈を甘辛い汁たっぷりに煮て、これを煮こごりにして、池波少年に食べさせてくれたのがそもそものきっかけ。

残った鰈の皮や骨を煮汁ごと茶碗に入れ、熱湯を注いで飲むことを教えてくれたのも、このひいおばあさんで、池波さんはおなじみの『食卓の情景』の中で、鰈の煮つけを食べると、かならずこれをやる、と書いています。

鬼の平蔵はある部分、池波さんの分身のようなものですから、やっぱり鰈の煮つけが大好き。文春ウェブ文庫巻之四拾五「熱海みやげの宝物」（文春文庫新装版十三巻所収）の中で、小田原城下をぬけ、酒匂川《さかわ》を渡った小八幡《こやわた》の茶店で、鬼平は「麦飯に大根の味噌汁。鰈の切身を味濃く煮つけたのを、『うまい、うまい』と二度もおかわりをし、飯を三杯も食べてしまってから、『われながら、おどろいたな』とあきれ顔になった、なんてシーンも出てきます。

鰈はかつては東京湾に多く生息していて、鰈釣りは、ハゼ釣り、キス釣りなどと並んで、江戸前釣りの代表格でした。

文化年間（一八〇四〜一八一八）にでた『釣竿通考』は、江戸湾での舟釣りを紹介した釣りの指南書ですが、そのなかに「鯊（ハゼ）、小鱠沙魚（キス）、王餘魚（カレイ）……」などと並んで「石がれい」の文字が見えます。

鰈と石鰈を区別しているということは、江戸の釣り人は、それだけ石鰈に敬意を表していたのではないかという気がしますが、いかがなものでしょう。

煮つけにするには魚卵があったほうがうまいので、一般に鰈は子を持つ冬場が旬とされていますが、石鰈は夏から秋にかけてが旬。

夏の鰈は泥臭いなどと敬遠するむきもありますが、昔からなぜか他の海域の石鰈は臭いのに、東京湾のものは臭みがなく、美味で有名です。

築地の魚市場には周年で入ってきますが、やはり東京近海の石鰈が上等で値段もいいそうです。

石鰈は、背中に石のような突起があることからこの名があり、それを削いでワタを抜き、大きいものは刺身や洗い、膾《なます》などに造ります。

個体がヒラメよりも小さいせいか、美味《うま》さがぎゅっと凝縮された感じで、個人的にはヒラメより鰈の刺身のほうに軍配をあげたくなります。

縁側なども、とれる量は少ないのですが、味はヒラメより数段上ですね。

この東京湾の特選素材を、料理人・万作は昆布〆にし、菊の花のおひたしを添えました。陰暦九月九日は重陽《ちょうよう》の節句、いわゆる菊の節句で、盃に菊の花びらを浮かべて長寿を祝います。

われらが御頭、鬼平の盃にも菊の花びらを散らしてあげましょう。

御頭は石鰈の昆布〆で菊酒をやったあと、かならずこう言うに違いありません。

「今度は石鰈を煮つけてくれ。それもうんと甘辛くしてな」

第十三回

鶉の山椒焼きと蕎麦の実味噌

さばいた鶉《ウズラ》は2、3回たれ焼きにして、上がりに粉山椒《さんしよう》をふります。あしらえの胡瓜《きゆうり》は塩もみし、熱湯にて色出しして、1センチほどの小口切りにします。味噌に砂糖を加え火にかけながら練り、味醂《みりん》を加えてのばしたものに、むき蕎麦を茹《ゆ》でて混ぜた蕎麦の実味噌を添えます。

御頭、体に良しといふ鶉召しませ。

われらが御頭、長谷川平蔵のところには、お役目がらよく到来ものがあったと思われます。鱸《すずき》が届き、それを奥方がみずから差配をして調理をさせ、御頭に出すシーンなども作品中には見られます。

だんだん寒くなり、渡り鳥がやってくる季節になれば、役宅には「五鉄」から鴨をはじめとする野鳥が届いたことでしょう。江戸時代には、庶民の間でも、年末に鴨や鶏を贈答に使ったといいます。野鳥は、江戸時代にはかなり食されていました。

将軍が口にできるのは「鶴、鴈《がん》、鴨、兎」のみだったそうですが、一般的には雉《きじ》、鷺《さぎ》、鴫《しぎ》から雀まで、数え上げればきりがないほどの野鳥が食糧になっていました。

いまでは、野生動物保護から霞網が禁止されたこともあって、野鳥を口にすることがめっきり少なくなったのは、食いしん坊として少し残念です。

鶉《ウズラ》は雉科のなかで一番小さく、翼の長さが十センチほど。

江戸初期にはなかなか人気があった野鳥でした。ひとつは「うずら狩」の対象として、もうひとつは飼育して鳴き声を競う「うずらあわせ」の鳥としてです。

江戸時代の随筆『嬉遊笑覧』にも、「鶉は歌に多くよめども、飼鳥にする事、古へは聞えず、後世慶長より寛永の頃、鶉合《うずらあわせ》大に行はれし事、其のころの草子どもに往々見えたり」などとあります。


昔、鶉はなぜか蝦蟇《がま》が変化したものと考えられていました。

『食物和歌本草』という本の「鶉」の項にも「鶉には　蝦蟇変化して生ずれば　疳痢をとめて　奇特也けり」と書かれ、それとともに「鶉こそ　五臓補ひ中をまし　筋骨つよめ気をもつけける」の歌も見えます。

蝦蟇うんぬんはともかく、昔から、鶉の肉は体にいいとされていたことは確かです。お頭に出す食材としては最適ですね。


江戸では、鶉は西ヶ原（現在の北区）や駒場、代々木（いずれも渋谷区）に多く棲息し、狩や猟の対象となっていました。

とくに鷹狩で得た鶉は別格扱いされ、江戸時代の料理指南書には「肴《さかな》にうづらを出す時、鷹と網との替り有、鷹の鶉をやき盛出すときは、足を竪《たて》にもる也、網鶉は横にもる也」などと盛りつけも違い、また「鷹の鶉を足計《ばかり》肴に出すを、ひるふさと云ふ也」などと、料理名も違うと記されています。

鷹で捕えた鶉のほうが、網で獲ったものより価値があったのでしょう。

いまは野生の鶉はなかなか入手できませんが、日本料理に残っている鶉の代表的メニューに「うずら椀」があります。

鶉を骨ごと細かく叩き、白味噌と塩で調味し、つなぎを入れ摺りのばして、小さな卵の形にし、清《すま》し汁を張る。吸い口には柚子《ゆず》。懐石料理の冬の一品です。しかし、かの食通・本山荻舟は、味醂《みりん》醬油でつけ焼きにするか、団子にして油で揚げるか煮るかした〝無技巧〟の方がうまい、と書いています。

もちろん料理人・万作は、〝無技巧〟の技巧を凝らして鶉をつけ焼きにし、名残りの胡瓜《きゅうり》と蕎麦《そば》の実味噌を添えました。蕎麦の実に含まれるソバ・ポリフェノールは、老人性痴呆症、高血圧、糖尿病などの予防に効果があるとか。

御頭にはいつまでも元気でいてほしい、という願いがこめられています。

第十四回

秋刀魚の一夜干し 栗ご飯と割り干し大根の柚子味噌

御頭の胃の腑をえぐる九寸五分。

秋刀魚《サンマ》、栗、大根といずれも秋の味覚。

このなかでいちばん秋を感じる食物といえば、やはりサンマでしょう。

密偵・相模の彦十が、ひとり長屋でサンマを焼いている。彦十はもう年ですから、体もあちこちガタがきています。「サンマがでるとアンマが引っ込む」なんて独り言をいいながら、パタパタ団扇《うちわ》をあおいでいる。

御頭こと長谷川平蔵は、軍鶏《しやも》鍋「五鉄」へ立ち寄った際に、賄《まかな》いで焼いていたサンマに目をつけ、「ひとつこっちにもまわしてくんな」なぞと、亭主の三次郎に言いつけるかもしれません。

鬼平犯科帳を読んでいると、サンマをめぐるそんなシーンが思い浮かびます。

秋の刀の魚と書いてサンマ。秋に獲れて美味《うま》く、形も色も刀のような魚――命名した

［秋刀魚の一夜干し］サンマは内臓を取り、腹開きして薄塩をあて、白胡麻《ごま》をまぶして干し、焼き上げます。
［栗ご飯］砕いたクチナシの実をガーゼで包み鍋に入れ、むいた栗を茹《ゆ》でます。冷水にさらし、だし、酒、塩、味醂《みりん》、薄口醤油で、薄味に含め煮とします。釜にだし、酒、塩、薄口醤油、昆布、栗を入れて炊きます。
［割り干し大根］大根を７つ、８つに縦切りして、薄塩をして風干しします。だしで割った甘酢に、輪切りにした鷹の爪を入れ漬け込みます。

人の言語感覚は天才的です。昔のものの本には、サンマはもともと「サイロ」とか「サイラ」とか呼ばれており、それが江戸の言い方で「サンマ」になったなんてことが載っていますが、サンマは「秋刀魚」という表現に尽きますね。

サンマは秋になると北海道・釧路沖から親潮に乗って南下し始め、三陸沖、常磐沖と来て、晩秋に千葉県沖に達します。この頃が一番脂が乗っているとされて、江戸時代は九十九里で獲れたものが、和船で江戸に搬送されてきていました。およそ一昼夜かかったといいます。鱗のやわらかい魚は傷みやすく、とくに脂の乗ったサンマは、冷蔵技術が進んだ現代でも鮮度を保つのがむずかしい。

江戸時代は、獲れた現場ですぐに薄塩をあてて魚河岸へ運んでいました。江戸についたころが塩がまわって食べごろ、そのまま七輪で焼けば、手もかからず、それは美味かったでしょう。

落語の「目黒のさんま」では、鬼平犯科帳でもおなじみの目黒不動参拝をかねて鷹狩りに出かけた松平出羽守が、目黒でサンマを食します。

それがあまりに美味かったものですから、殿中の溜《たまり》の間で諸侯に吹聴したところ、黒田筑前守がさっそくサンマを取り寄せた。

それを家来が塩と脂を抜いて焼いたものですから、美味かろうはずがない。

あくる日、出羽守をつかまえると、

「まるで木をゆで、かんでいるようなもの」

「まずいとおっしゃるが、ご貴殿さまはいずれから……」

「家来に申しつけ、房州の網元から」

「黒田侯、それは房州だからまずい。さんまは目黒にかぎる」

（矢野誠一『落語長屋の四季の味』文春文庫　二〇〇二年）

というのが落ちなのですが、この話でもサンマが塩をして運ばれたことがわかります。

また、この本によると、亡くなった林家正蔵（彦六）は、「なんでもありゃァ、さんまはさんまでも干物のひらきだってますがネ」と語ったそうで、江戸の庶民はサンマの干物も食べていました。

江戸川柳にも「つきやむしやむしや　あま塩の九寸五分」などの句に混じり、「さんまの干物食いさして鳥追ひ」などの句も見えます。

ちなみに九寸五分とは匕首《あいくち》と呼ばれる短刀の別名で、サンマのことです。

料理人・万作は、サンマを薄塩のひらきにしました。

それと栗ご飯に割り干し大根の柚子《ゆず》味噌。いずれも主役を張れる秋の味覚です。

第十五回

鰯の菊花和え

鰯は鱗、頭、内臓を取り、水洗いして三枚におろすか、手開きにする。塩をふり、水洗いした後、酢洗いし皮を取り、細切りしておく。菊の花ははかまを取り、熱湯に酢を少々入れて茹《ゆ》で、冷水にさらして絞り、合わせだし（だしに塩、薄口醬油、酢を入れ薄味に仕上げたもの）に漬け込む。菊の花を軽く絞り、さっと茹でた春菊、先の鰯と和えて勧めます。

御頭に、ひとこと「うまい！」とイワシてぇ。

………前夜からの雨があがって、その日の朝は冷え冷えと澄み渡った空に鰯雲《いわしぐも》が浮き、朝食をすませた長谷川平蔵が、居間の縁に出て、

「あの雲が空に出ると、海に鰯《イワシ》があつまるそうな」

妻女の久栄《ひさえ》にいうと、

「あれ。私は、空に鰯が群れあつまっているように見ゆるところから、その名がついたものとばかり、おもうておりましたが……」

「そりゃ、久栄の間ちがえじゃ」………

（文春ウェブ文庫巻之参拾八「お熊と茂平」文春文庫新装版十巻所収）

「お熊と茂平」の冒頭での平蔵と久栄のやりとりです。

ちかごろでも鰯雲は見られますが、肝心の鰯が獲れない。来年も鰯の漁獲量は期待できないそうです。いまや鰯は高級魚の仲間入りしてしまいました。

元日本鯨類研究所理事長の長崎福三氏の労作『魚食の民――日本民族と魚』（講談社学術文庫　二〇〇一年）によると、鰯の干したものが江戸の市場にはじめてあらわれたのが寛永十四年（一六三七）、これ以降、江戸湾内の鰯漁業も盛んになったといいます。元禄から天明（一六八八〜一七八九）にかけては、さまざまな漁法も開発され、魚は高級魚から下級魚までが出そろって、調理法も発達しました。

鬼平が生きた時代はちょうどその頃。ちなみにこのころの江戸の名物といえば、多摩川の鮎《アユ》、江戸前鰈《カレイ》、佃島《つくだじま》の白魚、深川の貝、業平蜆《なりひらシジミ》、浅草川の鯉、江戸前鰻《ウナギ》など、いずれも鬼平犯科帳に登場する魚介類です。

しかし江戸の庶民の魚といえば、寛永以来、いぜんとして鰯が主役でした。江戸の鰯はことのほか美味で、江戸時代の書物にも「処々海浜多しといへども、東武の内海の産、所謂江都前にして味ひ美く、他州の産に勝れり」（『魚鑑　上』）、つまり江戸前がいちばんうまい、とあります。

鰯には、大別してマイワシ、カタクチイワシ、ウルメイワシがありますが、いちばん親しみのあるのはマイワシでしょう。ところが、このマイワシという魚、豊漁と不漁を定期的に繰り返すやつなんだそうです。

前出の『魚食の民』によれば、江戸時代では明暦二年（一六五六）に「イワシは利根川に回遊し、漁夫が上流に移住した」ほどだったのが、八代将軍吉宗の享保末期から寛政のころまで、約五十年間は全国的に不漁だったとか。

再びマイワシが大量に獲れるようになったのは、文化・文政の十九世紀になってから。鬼平は寛政七年（一七九五）に亡くなっていますから、その時代、マイワシはいまと同じでけっこうな値をつけていたのかもしれません。

マイワシは秋においしくなる魚で、中羽といわれる十二センチ程度のものは、どうやって食べてもうまい。さて、料理人・万作は、その〝高級魚〟を酢洗いして菊の花と春菊と和えました。

重陽の節句（陰暦九月九日）に、菊の花を酒に浸して飲んだという菊酒の話を持ち出すまでもなく、菊は日本酒と相性がよいものです。

食用菊のおひたしを肴《さかな》に一献。ことに山形県の内陸地方に産する「もってのほか」という薄紫の菊は香りも味も天下逸品、酒が進むことうけあいです。

私事で恐縮ですが、観賞用の菊でも、亡父が育てていたものは農薬も使わずに丹精こめていたので、花をめでた後、花びらはおひたしに、葉は天ぷらにしていただいたものです。ことに菊の葉の天ぷらは〝洒脱な味〟でありました。

第十六回

牡蠣の味噌焼き

赤味噌あるいは八丁味噌に味醂《みりん》、砂糖を加え、火にかけて練りあげ、田楽味噌を作ります。殻つきの牡蠣は網焼きして、蓋が開いたら牡蠣の身に田楽味噌を塗り、ケシの実をふり、再び焼いて、熱々を供します。

牡蠣は滋養強壮、忠吾には毒。

生牡蠣《カキ》、カキフライ、蠣《カキ》の鉄板焼き、蠣そば、蠣御飯、蠣雑炊……、池波正太郎氏の食日記には、いろんな牡蠣のメニューが登場します。

宮城県の松島に友人がいて、その旧友から毎年牡蠣が届くなどという話もあって、池波氏の牡蠣に対する思いがしのばれます。ところが、私が見落としているのか、どうも鬼平犯科帳には牡蠣の登場がないようです。

牡蠣は江戸の名産品でした。元禄のころの諸国名産をまとめた資料のなかに、武蔵国(現在の東京都)の産品としてシジミ、ハマグリ、ニシ、ミルクイといった貝類にまじって、牡蠣の名前も見られます。また、鬼平が生きた直後の時代、文化・文政(十九世紀初期)の江戸名物にも「深川の牡蠣」が登場しています。

江戸の海でおもに獲れたのはマガキで、「塩分のうすい半海水の内湾、とくに水中に有機成分が多く、底に泥土の多いところによく繁殖」(本山荻舟『飲食事典』)とありま

すから、深川あたりが本場だったというのはうなずけます。

海の汚染がひどくなるにつれて、東京湾の牡蠣など見向きもされなくなりましたが、深川在住の釣魚と江戸前の研究家である藤井克彦氏によると、大正時代以降、東京が牡蠣生産量日本一になったことが二度あるというのですから驚きです。

江戸ではどのようにして食べていたかというと、これがあまりはっきりとしていません。江戸の風俗の一級資料である『守貞謾稿』の牡蠣の項目には、大坂には蠣船というのがあって、蠣飯などにして出したとか、江戸では牡蠣が安かったことなどが記されていますが、江戸の庶民がどのようにして牡蠣を食べていたかについては記述がありません。上流階級はというと、料理本の嚆矢《こうし》である『料理物語』に「蠣の吸い物」、高級料亭の「八百善」のシッポク料理のメニューに「牡蠣のてんぷら」、幕末の米国外交官ハリスに幕府から下された膳のなかに「汁　かき」といった記述が見うけられます。食材としては、安価だといって馬鹿にされていたわけではなさそうです。

それにしても、江戸の庶民はどうやって食べていたのか？　酢牡蠣、白葱《ねぎ》（根深）と牡蠣の味噌汁、野菜と牡蠣の味噌鍋なんてところだったのでしょうか。もしご存じの方がいたら教えてください。

現代のわれわれが牡蠣を食するには生が一番ですが、〝鬼平情緒〟を味わうには、小鍋に昆布を敷き、水をはって、そのだしで牡蠣と豆腐なぞを煮る「牡蠣の小鍋立て」なんかがいいでしょう。鮮度のいい牡蠣をえらび、熱を通し過ぎないように、しゃぶしゃぶの要領で、柚子酢《ゆず》かポン酢でいただく。殻つきの牡蠣が大量に手に入って、もっとワイルドにというなら、大鍋に湯をわかし、殻のまま牡蠣を沈め、殻が開いたところで引き上げて中身を食べる岡山県は日生町《ひなせ》の「茹でガキ」風に。以上は甲斐崎圭『漁師料理探訪』（JTB　一九九五年）からの受け売り。自宅でやってみましたが、少し加熱することで身はほっくりとなり、旨味《うまみ》も増す。いくらでも食べられます。

殻つきのまま炭火にかけた焼き牡蠣も結構なものです。魚もそうですが、鮮度のいいものにちょっと熱を通して食べる、これがいい。

料理人・万作は、牡蠣と相性のいい味噌をもうひとひねりして、田楽味噌に仕立て、牡蠣の味噌焼きを作りました。田楽といえば豆腐が一般的ですが、「味噌さえつければ田楽だ」の言葉どおり、田楽味噌をつけて焼けば、みな田楽の名をいただけます。ちなみに、江戸の田楽味噌は赤味噌に砂糖を加えて摺ったのが主流で、新和泉町（現在の人形町の一部）にあった酒屋、四方久兵衛の赤味噌が有名だったそうです。

牡蠣は栄養の塊《かたまり》で、貧血や肝臓、強壮などに絶大なる効果がある、いわば完全食品。女好きの同心・木村忠吾が食べるとなにかと〝毒〟でしょうが、過労気味の御頭には是非召しあがっていただきたいものです。

第十七回

フグのぶつ切りの小鍋立て

本所の鉄に「てつ」を食わせてぇ。

毒があり、鉄砲のようによく〝当たる〟から「鉄砲」または縮めて「てつ」、フグ刺しのことを「てっさ」、フグちりのことを「てっちり」というのは、そこから来ています。江戸の昔は素人が料理し、よく中毒を起こしていたようです。

あら何ともなきやきのふは過てふくと汁

「ふくと汁」とは、フグの身を入れた汁のことで、昨日、フグ汁を食べたけどなんともない、という芭蕉の作です。それから百年ばかり後の与謝蕪村も、

ふく汁の我活きて居る寝覚哉

昨晩、フグ汁を食べたけど、なんともなく目が覚めた、という句を残しています。

当時、いかに恐る恐るフグを食べていたかをうかがわせますが、恐れていたわりには二人ともフグに関する句をいくつか詠んでおり、芭蕉はフグ釣りまでやっています。

フグ人気は江戸期も時代が下るにつれて高まり、江戸でも大坂でもフグブーム。鬼平

フグは内臓、エラ、その他を取り除き（ここまでは素人がやってはいけません。念のため）、水でよく洗い、上身とし、ぶつ切りにします。

鍋に水、昆布、酒少々を入れ、沸騰する前に昆布を取り出し、フグを入れ、次に豆腐、白葱《ねぎ》を入れます。呑水《とんすい》に、醤油と鍋のだしを2：1にして、橙酢（すだち）を絞り、浅葱《あさつき》、七味の薬味でいただきます。

と同時代の人、風来山人（平賀源内）著『根南志具佐《ねなしぐさ》』（宝暦十三〈一七六三〉年）では、昔は人間が真面目で毒なんぞ食べなかったものだが、次第に人の心も放蕩にながれ、毒と知っていてもフグを食べるようになった。お上が禁じても、町にはフグ売りが闊《かっ》歩《ぽ》し、煮売り屋でもフグを売っている、と嘆いています。また鬼平の時代から少し下った文化・文政になると、江戸では芝居の顔見世の朝に、芝居が〝当たる〟ようにと、フグの吸い物を出して縁起をかついだといわれています。

フグは、河豚とも鰒とも書きます。フグの毒はテトロドトキシンといって、青酸カリの十倍も強く、煮ても焼いても分解しません。フグを食べて、唇や手足がしびれ、口がきけなくなったらもう危ない。八時間もするとお陀仏だそうであります。

それでもフグが食べたかった。江戸川柳に「鰒汁を食わぬたはけに食ふたはけ」「鰒汁を一つ蓮としやれて食い」といった句があるほどで、先のは、フグ汁を食う馬鹿に食わぬ馬鹿、後のは、フグを食う仲間は死なばもろとも、一蓮托生といった意味です。

フグはそれほどうまいか？　江戸で食べていたのは、おもにマフグかショウサイフグとよばれる種類で、ショウサイフグはいまでも東京近辺の冬の釣り物として人気です。

アオヤギをえさに、いかり型の鈎でひっかけるカットウという釣法で、釣ったフグは船宿でさばいて、身だけにしてくれます。刺身にしても、鍋にしても結構。味はトラフグには負けますが、手軽に家庭で味わえるという点ではトラフグに勝っています。

フグの身は煮ても、焼いても、揚げてもうまいものですが、なんともすばらしいのは白子。これを昔の中国の呉の人は「西施乳《せいし》」とよんで珍重しました。西施は臥薪嘗胆《がしんしょうたん》の故事で有名な呉王、夫差《ふさ》を惑わした美女のこと。その乳ですからなんともエロティックです。このへんの話は中国の食通、袁枚《えんばい》が書いた料理の古典『随園食単』を和訳したことで知られる青木正児《まさる》さんの『酒の肴・抱樽酒話』(岩波文庫　一九八九年)に詳しく載っています。

夫差ならずとも、呉の人は昔からフグ好きということになっており、蕪村も、

　秋風の呉人はしらじふくと汁

と詠んでいます。秋風が吹いて故郷(蘇州)のうまいものを思い出し、官位をなげうって赴任地から帰ったという張翰《ちょうかん》の逸話にもとづいた句です。

江戸時代にはフグはおもに酒粕を入れた味噌汁にして食べたそうですが、料理人・万作はぶつ切りにして小鍋立てにしました。本所の銕《てつ》に「てっちり」を食べさせようという魂胆です。

放蕩無頼の生活を送っていた本所の銕のこと、若いころは「命なんぞ惜しかァねえや」などと意気がって、相模《さがみ》の彦十あたりとフグ汁をかっこんでいたことでしょう。

しかし、火盗改メの長官になった長谷川平蔵宣以《のぶため》は、武士たるものフグなどで命を落としてはならぬと、お上が禁じたものを口にいたしますかどうか……。

第十八回

真子鰈の煮つけ

旦那さま、お櫃《ひつ》が空になりました。

少年時代、池波氏の曾祖母が鰈《カレイ》を甘辛く煮、煮こごりにして池波少年に食べさせてくれた。それで池波氏は鰈の煮つけが大好物になったという話は、「石鰈の昆布〆と菊花おひたし」のところで書きましたが、池波氏にかぎらず、江戸っ子は鰈の煮つけ、それも煮こごりが大好きです。

慶応大学で長く教鞭をとられた国文学者の池田弥三郎氏の本に、煮こごりについての記述があります。

池田氏も、銀座の天ぷら屋に生まれ育った、れっきとした江戸っ子。池田氏の著書『私の食物誌』のなかには、「にこごり」という題で、子どものころ、お兄さんが朝、台所をごそごそ探し、鰈やヒラメを煮つけた鍋を見つけてきては、いっしょに食べた思い出が書かれています。

真子鰈は鱗、エラ、内臓を取り除き、水洗いした後、湯通ししてきれいにします。

鍋に、鰈、だし、酒、砂糖、味醂《みりん》、短冊切り生姜《しようが》、寸切り牛蒡《ごぼう》を入れ、だしを半分ぐらいまで煮つめて、つぎに醤油を入れて仕上げます。

天盛りに針生姜を添えます。

「口にいれるとたちまちにとけて、あまい、魚のあぶらの味のついた汁が口の中にひろがる。それは、につまったしるだけに、実にうまい。少年の日を、なつかしく思い出させるたべものだ」(『私の食物誌』新潮文庫　一九八〇年)

鬼平が「鰈の煮つけ」を好むのは、「石鰈の昆布〆と菊花おひたし」の冒頭で書いたとおり。それも、鬼平が「本所の銕《てつ》」と呼ばれた冷や飯喰らいの時期に、池田氏とおなじように台所をあさって、鍋に残った煮こごりを舐めていたからかもしれません。

煮こごりは、煮汁に溶け出した魚のゼラチンが固まったもので、ゼラチンは鰈やヒラメ、コチ、メゴチなどの平たい魚の骨や皮に多く含まれています。

昔の東京では、大森海岸あたりの漁師は、冬に「じゃこの煮こごり」を作って食べていたというし、深川あたりの下町でも、「サメの煮こごり」を食べていたというから、「煮こごり」は江戸の庶民の味といえます。

さて真子《マコ》鰈《ガレイ》。東京湾の鰈はことのほか味がいいことから、江戸者は鰈好きなのですが、かつての東京湾には、鰈がそれこそうじゃうじゃいて、水揚げ量も多かった。

前に引用した長崎福三氏の『魚食の民』にも、鬼平が活躍した時代のすぐ後の文化・文政時代には、江戸の名物として「江戸前鰈」の名があげられているとあります。

冬場の真子鰈は、ノボリマコといわれます。産卵のために浅場にのぼることからついた名前です。かつて江戸前といわれた海域では、これを手バネ竿とよばれる短竿を使って「こづき釣り」で釣りました。おもりでとんとんと海底を叩くようにこづいて、その後竿を少しあげて鰈を誘う、東京湾独特の釣法です。

「こづき釣り」は、すっかり魚影がうすくなったのと、リールの発達などですたれてしまいましたが、未来に残しておきたい伝統釣法です。

私が海釣りをやるようになって最初は、新鮮な魚は生で食べるのがいちばんと思っていましたが、このごろは釣ったばかりの魚をさっと煮つけるのがおいしい。

火を通して食べるのはもったいない、と思う魚をあえて煮つけるのです。そうすると、煮冷ましても美味く、残った煮汁で炊いたおからなども、少々時間がたってもおいしくいただけます。もちろん、鰈などは煮こごりも楽しめるというわけです。

四十歳を過ぎたころから、煮魚が無性にうまい、と感じられるようになりました。しかも、それで酒を呑むというよりは、白いご飯に煮汁を染み込ませつついただくのがよい。

この美味《うま》さは、若い者にはわかるめぇ、とひとりごちたくなります。

さて、われらが御頭は、この鰈の煮つけで何杯ご飯を召し上がることでしょう。

第十九回

揚げ大根の葛餡かけ

大根は皮をむき、3センチの輪切りにして面取りし、水から茹《ゆ》でる。竹串が軽く通るくらいにやわらかくなったら、だし、酒、味醂《みりん》、塩、薄口醤油で薄味をつける。味をつけた大根の表面に片栗粉をさっとつけ、油で揚げる。茹でて吸い物だしにつけておいた菜の花を添え、葛餡《あん》（だし8、味醂1、醤油1、片栗粉）をかけて、水辛子（水で薄めに溶いた和辛子）を天盛りにする。

御頭、口中の火事にご用心！

「冬生ずるは夏秋に生ずるよりも、その味殊《こと》に勝れたる」と、ものの本にあるように、大根はことさら冬にうまい。大根は御頭の大好物です。

大根の原産地は中央アジア。日本にはかなり古くに到来したらしく、記録に残っているものでは、『日本書記』仁徳天皇の巻に「於朋泥《おほね》」（＝大根）とあるのが最初とされています。仁徳天皇の歌のなかに見られ、御歌の内容は、仁徳天皇が八田皇女《やたのひめみこ》を后《きさき》としたことに立腹された皇后への呼びかけです。大根を詠んだ御歌は二首あり、ひとつは「大根のように白い腕を巻き合った云々」といささか艶《つや》っぽい表現になっています。いまでは真っ白な足にたとえられる大根ですが、最初は腕にたとえられていたのです。足にたとえるには、そのころの大根は細すぎたのでしょう。

古典といえば、『徒然草』にも有名な大根の話が出てきます。筑紫の押領使（いわば平安時代の火盗改メ長官のような者）が、薬餌《やくじ》として長年にわたって毎朝大根をふたつずつ焼いて食べていた。ある時、留守中に敵が襲ってきたのを、二人の兵が命も惜しまず戦って追い払った。兵はそれまで見たこともない者たちで、実は大根の化身だった、という話です。ひょっとすると、大根好きの御頭のことですから、火盗改メにも一人や二人は大根の化身がまぎれこんでいるかもしれません。

江戸時代になると諸国名産の大根が出そろいますが、江戸の大根は、練馬大根、中野大根、王子周辺のもの、夏大根として練馬清水村のものなどが有名で、ことに練馬大根は「ねりまは豊島郡也、江戸より三里程戌亥、此地の大根名産也、青みすくなく、苦辛の味ひなし、大きなるは尺二三寸、周八九寸、周は常也、味ひよろしく、尾州宮重《みやしげ》に同じ」(『続江戸砂子』)と絶賛されていました。

貝原益軒の『養生訓』にも、

「菜中の上品也、つねに食ふべし、葉のこはき(硬き)をさり、やわらかなる葉と根と、豆鼓(味噌)にて煮熟して食ふ、脾を補ひ痰を去り、気をめぐらす」

とあるように、大根は野菜のホームラン王でした。ことに江戸の人々は、春秋冬は大根、夏は茄子《なす》で生きていたといっても過言ではなかった。

本山荻舟は、日本人は刺身と豆腐と大根の三つさえあれば食膳の貧しさを感じず、健康長寿を保てるらしい、と書いています。四十を過ぎると昔びとに戻るのか、刺身と豆腐と大根の三つさえあればいいという境地に近づくような気がします。それに美味い酒でもあれば他には何もいらない。「しあわせは　刺身と豆腐と大根を　うまき酒にて食らうときなり」などと、橘曙覧《たちばなあけみ》風の戯れ歌を詠んでしまいます。

昔からの大根料理といえば、刺身が主流となる以前の生魚の調理法である「大根膾《なます》」、厚切りにして炊いて味噌をかけていただく「風呂吹き大根」、「大根飯」に「大根粥」、池波さんお得意の「大根とアサリの小鍋立て」などいろいろあります。

しかし、揚げた料理はさほどあるまいと思っていたところ、林春隆著『野菜百珍』に「揚出し」と「都の錦」というのがありました。「揚出し」は大根を小角に切り、胡麻《ごま》油であげ生姜《しょうが》醤油でいただく。「都の錦」はかつらむきにした大根で蕃椒《とうがらし》と湯葉のせん切りを巻き、胡麻油で揚げたもの。いずれも美味そうです。

最近読んだ水上勉著『精進百撰』(岩波現代文庫　二〇〇一年)の中にも「黄檗《おうばく》風天ぷら大根」というのがありました。これはなかなかに凝った料理で、大根はあらかじめ味噌汁で煮ておき、黒胡麻を煎《い》っておいてうどん粉にまぜ、酒と水を入れてねり合わせて衣にし、胡麻油で揚げる。う〜ん、大根を味噌汁で煮るというところが奥深い。

料理人・万作は、大根を茹でて下味をつけ、油で揚げて、さらに葛餡をかけて熱々に仕上げました。御頭、口中やけどなぞなさらぬよう、ご用心めされ。

第二十回

寒鱸の一塩焼きと金柑甘漬け

寒鱸は三枚におろし、うす塩をしておきます。金柑は釘打ちして、柔らかくなるまで茹《ゆ》で、甘蜜（水1.8リットルに砂糖1キログラムの割合）に漬け込みます。鱸を強火の遠火で焼き上げ、金柑を添えます。

御頭、そろそろコレステロール値が……

鬼平犯科帳の特別長篇「雲竜剣6　落ち鱸」(文春ウェブ文庫巻之五拾弐・文春文庫新装版十五巻所収)のなかに、鱸《スズキ》の塩焼きが登場します。

……侍女が運んで来たものを置き、一礼して居間から出て行った。

それは鱸の塩焼であった。

「ほう、落ち鱸か……」

「五鉄が届けてくれまして……」

「さようか。うまそうじゃな」……

鱸は神代の昔から、美味い魚とされていて、『古事記』のなかにも、オオクニヌシが天《あま》つ神へ服属するくだりで、以下のような記述が出てきます。

「海人が釣り上げた、口の大きな、尾も鰭《ひれ》もうるわしいスズキを、ざわざわと海の底から引き寄せ上げて、運び来る竹の竿もたわみ撓うほどの大きなスズキを、おいしいお召し上がり物として奉ります」（三浦佑之《すけゆき》『口語訳古事記』文藝春秋　二〇〇二年）

巨口細鱗――口が大きく鱗が細かい鱸は、オオクニヌシの国である出雲でもっとも神聖な海の幸でした。江戸の諸国名産の記録にも、鱸は出雲とあり、現在でも、島根県松江の宍道湖《しんじ》で獲れる鱸は有名です。

鱸は江戸（武蔵国）の名産でした。東京湾には流れ込む河川が多く、それが江戸前の魚をおいしくしているとよくいわれました。釣りの対象魚としても人気が高く、江戸時代の随筆『嬉遊笑覧』にも鱸の名が見られます。

東京内湾の鱸釣りは五月から九月中旬まで。七月ごろがもっとも盛んです。釣ってきた鱸を三枚におろし、皮を去ってそぎ切りにし、冷たい井戸水にさらして造る「鱸の洗い」は、夏の最高のご馳走です。秋の彼岸過ぎから、鱸は内湾の浅場から深場へと徐々に落ちてゆき、産卵の準備にかかります。これが冒頭で平蔵が食した「落ち鱸」です。鱸の上物はとにかく太ったものがいちばん。とくに産卵前の卵で腹をふくらませた鱸は「腹太鱸《はらぶと》」といわれ珍重されます。

「鱸の湯注ぎ」。江戸前遊漁・漁労史研究家の藤井汐竿《ちょうかん》氏のご子息の店「深川亭」で味わいました。鱸の内臓を使った特別料理で、四条流師範の遠藤十士夫から藤井氏が伝授されたもの。内湾の魚だけに、海の水質が味に大きく影響します。そこで、「鱸の湯注ぎ」を客に供するときには、釣師でもある藤井氏自ら釣った鱸しか使わない。それも、東京湾の富津《ふっつ》岬より外洋寄りの海域で釣った上物のみ。「鱸の湯注ぎ」とは、鱸の内臓のうち「苦玉」と呼ばれる部分を除き、浮き袋や腸は切り開いてよく水洗いし、たっぷりの塩をしてひと晩置く。内臓を軽く炙《あぶ》り、熱湯を注ぎ、葱《ねぎ》、紫蘇《しそ》の葉、胡麻《ごま》などの薬味を散らすというもの。「深川亭」の「鱸の湯注ぎ」は白濁して、まるであっさりとした博多ラーメンのスープのよう。かなり高級な味です。藤井氏はこれに素麺を合わせました。これがなんとも絶品で……（深川亭 ☎〇三－八六四二－四九三九 魚の特別メニューは電話でお確かめください）。一般的に鱸の味は冬になると落ちるといいますが、松江の名物料理「鱸の奉書焼き」は、鱸を和紙に包んで焼き、薬味と醬油でいただく冬のご馳走。近ごろは、フレンチやイタリアンのレストランが「寒鱸」をメニューにのせています。地中海料理にも、オリーブオイルをからめたワカメで鱸を包み、オーブンで焼く「奉書焼き」そっくりのレシピがあります。料理の発想は世界共通のようです。

夏の脂の乗った鱸とは違った淡泊な味わいの寒鱸を、料理人・万作はさりげなく一塩焼きにし、金柑《きんかん》の甘漬けを添えました。コレステロール値や血糖値が気になる年齢の御頭には、優しい一品です。

第二十一回 鴨(合鴨)の味噌煮込み

御頭、鴨で精をつけて何としましょう?

鬼平犯科帳には、「鴨の網焼き」とか「鴨の叩き団子と晒葱《さらしねぎ》の吸い物」など、鴨を使った料理が出てきます。とくに文春ウェブ文庫巻之五拾六「火つけ船頭」(文春文庫新装版十六巻所収)の中では、鴨にひっかけての平蔵のきわどい冗談が、読む者をニヤリとさせます。

……平蔵が入浴を終えて出て来ると、久栄が酒の肴《さかな》の仕度をととのえ、侍女に運ばせ、居間へあらわれた。

「鴨じゃな」

「はい」

鴨の肉を、醤油と酒を合わせたつけ汁へ漬けておき、これを網焼きにして出すのは、久栄が得意のものだ。つけ汁に久栄の工夫があるらしい。今夜は、みずから台

鴨（合鴨）は5ミリ程度にそぎ身に切っておく。小鍋に水と酒を入れ、あく抜きをしたちぎり蒟蒻《こんにやく》と鴨肉を煮込む。あくを取り除き、鴨肉が柔らかくなったら、砂糖と味噌を入れて味を調え、豆腐、白葱を入れてさらに煮込み、一味唐辛子をふりかけて勧めます。

所へ出て行ったのであろう。

それと、鴨の脂身を細く細く切って、千住葱と合わせた熱い吸物が、先ず出た。

「久栄。わしに、このような精をつけさせて何とするぞ？」

「まあ……」

久栄は顔を赤らめた。……


江戸時代も中期までは、鳥肉といえばまず鴨でした。『近世風俗志（守貞謾稿）』にも、「鴨以下鳥を食すのは常のことなり。しかれども文化以来、京坂はかしわという鳥を葱鍋に烹て食すこと専らなり。江戸はしやもと云ふ闘鶏を同製にして、これを売る」（『近世風俗志（一）』岩波文庫　一九九六年）云々とあります。野生の鴨を普通に食べていたわけで、江戸の名産を記した『武江産物志』には、産地は隅田川と千住、種類は「まかも、あをくび、あゐさ」の三種類が記載されています。「火つけ船頭」の「鴨の脂身と千住葱の吸い物」などは、千住の名産同士の取り合わせということになりますね。

野鴨を昔ながらに食べさせる料理など、もうないだろうと思っていたら、島根県八束郡宍道《しんじ》町の割烹旅館「八雲本陣」の名物料理に残っていました。「鴨の貝焼き」がそれで、晩秋から冬にかけて宍道湖に飛来する野鴨の肉を、鮑《あわび》の殻を使ったひとり用の貝鍋で、煮ながら食べる料理です。宍道湖に来る十三種類の野鴨のうち、美味なのはマガモ、カルガモ、トモエガモ、コガモの四種類だそうで、この肉を野菜といっしょに煮ていただくのですが、野菜を全部先に入れて、煮えたらその上に鴨肉を一枚ずつ並べて乗せ、浅く煮るのが、おいしく食べるコツだとか。以上は、北大路魯山人の弟子、平野雅章氏の著書『日本の食文化』（中公文庫　一九九一年）からの受け売りです。

貝鍋は鍋料理の原初的形態で、ほかにも帆立貝の殻を使った秋田名物の「しょっつる貝焼き」などがあります。小鍋立ての原型のようなもので、酒を手酌でやりながら、自分のペースで少しずつ具を煮て食べる――酒呑みにはたまらない鍋物です。

野鴨はだめでも、合鴨ならば東京でも食べられます。名高いのは中央区東日本橋の「鳥安」。創業は明治五年。メニューは合鴨を鉄鍋で焼き、おろし醤油で食べるすきやきコースのみ。皮についた脂味を焼いて脂を出し、その脂で煎《い》りつけるようにして肉を焼く。正肉だけでなく、つくね、もつ、皮、それぞれにおいしい。脂を出し切ってカラカラになった脂身もオツなものです。東京の冬は乾燥していて肌がかさかさになりますが、「鳥安」で食事をした後は、鴨の脂で肌がつるつるになったような気がします。

「鴨が葱を背負って……」などというように、鴨と葱は相性がよく、それを醤油味で鍋に仕立てるのが一般的ですが、これを味噌味の小鍋立てにしたところが、万作の〝ひとひねり〟。肉の味わいもさることながら、ちぎり蒟蒻《こんにゃく》に味噌と合鴨の脂がからんで野趣を引き出します。芯から体を温めてくれる一品です。

第二十二回

白魚と浅葱の小鍋

小鍋に水、昆布、酒を入れて沸騰したら白魚、浅葱《あさつき》をサッと入れて素早く取り出し、割醤油（だし2、醤油1）とおろし生姜《しょうが》にて勧めます。

左馬、春のにおいだなぁ。

「牡丹《ぼたん》は花の一輪にて賞せられ、梅桜は千枝万枝を束ねて愛せらる。白魚というものの世にもてはやさるるは、かの鯛、鱸《スズキ》の大魚に比すれば、今いう梅桜の類に等し……」

以上は、『鶉衣《うずらごろも》』という古書の一部。つまり、牡丹は一輪、梅や桜は多くの枝についた花々で愛される。白魚も、鯛や鱸と比較すると、梅や桜のようなものだ、と白魚の魅力をたたえているわけで、江戸のひとは、春ともなると白魚を喜びました。

白魚はシラウオ科の成魚。全長は十センチ程度です。歌舞伎「三人吉三《さんにんきちさ》」大川端の段、「月も朧《おぼろ》に白魚の、篝《かがり》も霞む春の空」の名せりふにもあるように春が旬。

かつては、旧暦の十二月から三月までが漁期とされていました。かの『守貞謾稿』にも「白魚は江戸隅田川の名物とす。細かき網をもって掬《すく》ひ捕る。夜は篝してこれを漁《すなど》る」とあり、京大坂にはない、と書いています。

ところが、白魚は東北から九州までの日本各地の河口付近に棲み、なにも江戸だけの名産品とかぎったわけではないのです。

実際に、元禄のころの諸国名産を見ても、武蔵国のほかに、備前国（岡山県）、三河国（愛知県）、摂津国（大阪府）などが白魚の特産地としてあげられています。

それがなぜ、江戸だけの名物のようにいわれるようになったかというと、徳川家康公の命令で、名古屋あるいは紀州の白魚を竹筒に入れて江戸に移入したからとか、家康公が上総《かずさ》に遊んだときに、漁夫が白魚を献上したのを喜ばれたからとかいわれていますが、実際のところは、大坂から連れて来た佃島の漁業集団と、浅草川筋の土着の漁業集団（白魚役あるいは白魚組といわれた）を保護したことに起因しているようです。

この二集団は漁場こそ分かれているものの、双方とも旧暦十二月二十日から三月三日の節句までの間、御城に白魚の献上を義務づけられていて、幕末まで続いたといわれます。

「漁獲されたシラウオは二〇尾を並べた小箱二五箱、つまり五〇〇尾を黒の漆《うるし》の献上箱に収める。この箱にも、『御本丸』『御膳御用』と白漆で書かれてあり、この箱をかついで、早朝、数人の行列を組んで江戸城に向う。生ものであるから、途中通行構いなしで、大名の行列にも優先したという」（長崎福三『魚食の民』）

献上分以外の白魚は市販してよかったことから、将軍様と同じものを口にしていると、江戸のひとはことのほか喜び、また姿形も上品、味も淡泊なので人気があったというわけです。白魚の頭には、葵のご紋が透けて見えるなどといった者もいたそうで、そうなると、ひいきの引き倒しという感じですね。

食べ方は汁に仕立てたり、豆腐と小鍋立てにしたり、ときには佃煮など。鬼平犯科帳のなかでも、文春ウェブ文庫巻之参「暗剣白梅香」（文春文庫新装版一巻所収）で平蔵と岸井左馬之助が、「白魚と豆腐の小鍋立て」で一杯やっており、「春のにおいが湯気にたちのぼっているなあ」と、平蔵はたまらず口にしています。

池田弥三郎氏は、実家が天ぷら屋だけあって、白魚は天ぷらにしていたそうです。何匹かまとめて揚げ、「軽くてさっぱりとした味は、なかなか捨てがたい」（池田弥三郎『私の食物誌』）。

池田氏と白魚といえば、二十年以上も前、「しらうお」か「しろうお」かで魚種、呼び名の論争喧《やかま》しかったことがあります。それについても、池田氏は「白魚は、東京の下町では、しらうおではない。うは消えてしまって『しらお』であった」と断を下したのが、なんとも江戸っ子の末裔らしいと感心したことを思い出します。

料理人・万作は、白魚と浅葱《あさつき》を小鍋立てにしました。

桃の節句が終わると、お雛様をしまう前に浅葱のぬたを差し上げたという風習がありました。白魚も旧暦のお節句までが漁期。まさに名残りの一品です。

第二十三回

コハダの酢〆
蜆と芹の胡麻和え

〔コハダの酢〆〕
コハダは開き、薄塩をした後、さっと水洗いし、米酢に漬け込みます。表面が白くなったら、酢から引き上げます。

御頭、肝の臓には蜆がいちばん！

銀地に黒のドット、こんな小粋な意匠でなければ、コハダという魚はもっとぞんざいに扱われていたのではないでしょうか。

「鮨は小鰭《コハダ》に止めをさす」といわれ、江戸前の握り鮨にかかせないコハダは、由緒正しき鮨ダネで、江戸時代の随筆『守貞謾稿』にも、握り鮨が始まったころの鮨ダネとして、卵焼き、鮑《アワビ》、マグロのさしみ、小鯛、白魚、蛸《タコ》などとともに、コハダの名があげられています。

ところが鬼平の時代には、まだ握り鮨がなく、鬼平犯科帳に登場させられなかった。池波正太郎氏は、いささか残念そうに以下のように書き記しています。

……今のような鮨はもっと後ですよ。あの頃は油揚げの、いわゆる〔お稲荷さん〕。その後で小鰭の鮨が出て来る。鬼平の頃よりかちょっと後になる。この小鰭鮨というのは白木の鮨箱をかついで粋な恰好で売りに来たものです。………

（佐藤隆介編『池波正太郎・鬼平料理帳』文春文庫　一九八四年）

コハダは、コノシロという魚の一年魚でニシン科に属し、いまでも東京湾で獲れる貴重な〝江戸前〟の魚種です。コノシロは、漢字では魚偏に祭、あるいは魚偏に冬と書きますが、それは二月の初午《はつうま》の祭に、稲荷神社に供えた故事から来ているからとも、冬に美味《うま》いからともいわれています。

東京近辺では、体調十五センチ以上をコノシロ、八～十二センチ程度をコハダ、四～五センチをシンコといい、小さくなるほど値が高い。成魚のコノシロは、武士の切腹の時に用いられたので「腹切魚」だとか、焼くと死臭がするとかいって嫌われたものです。子どものほうはというと、「コハダの粟漬け」になって、ちゃっかりお正月のおせちに入っていたりします。もっとも、「小肌」と書くくらいですから、肌の美しさは若いやつにかなわないわけで、まあ、アイドル・タレントと似たようなものと考えれば、若いほど喜ばれるのもわからないではありません。

三枚におろして腹骨をすき、塩をあて、酢で〆るというのが江戸時代からの定法。鮨

職人がコハダにかける手間と情熱はたいそうなもので、それぞれに秘技、秘伝があるようです。私の魚の師匠のひとり、阿佐ヶ谷「貴貫ずし」(☎〇三―三三一三―六四六五)の主人・渡部匠叙さんは、修業時代の数年間、包丁にさわらせてもらえず、コハダの下ごしらえをまかされるようになって初めて、鮨職人としての未来が見えたといいます。シンコの握りに惚れて渡部さんのところに通うようになって十七年、まったく飽きがこない。青柚子《ゆず》の皮をすってかけたり、すだちの酢を一滴二滴落としたりして、変化をつけてもらいますが、行き着くところはシンプルな握り。コハダが江戸前鮨の原点というのがよくわかります。

次は蜆。これも江戸の名産品。墨田区と江東区を南北に流れる大横川にかかっていた業平《なりひら》橋あたりが産地でした。元禄の頃にはすでに武蔵国業平の蜆は、荒川の尾久の蜆とともに名高く、「業平橋蜆、中之郷、なり平橋の堀にて取ル、名産也」とあり、「大きさ小蛤《ハマグリ》ほどあり、風味甚だよろし、江州瀬田蜆名産といえども及びかたし」と、『続江戸砂子』でも絶賛しています。小蛤ほどあったなんて、すごい！

「蜆よく黄疸を治し酔を解す」と、ものの本にあるように、蜆は昔から肝臓によいとされていました。良質のたんぱく質とビタミンB_{12}が肝臓の働きを活発にするのを、昔の人は体験的に知っていたのです。

味噌汁の実にするのが一般的ですが、むき身と葱《ねぎ》の酢味噌などもいい。池波氏も、鬼平犯科帳文春ウェブ文庫巻之四拾七「墨つぼの孫八」（文春文庫新装版十三巻所収）のなかで、墨斗《すみつぼ》の孫八という盗賊が、浅草・今戸の料亭で酒を飲んでいるシーンに「葱と蜆の剝身をあわせ、酢味噌で和えた小鉢」を登場させています。

蜆の旬は秋から早春。江戸時代の『料理秘伝記』には、「十月より三月迄よし。此余の月はわるき香り出て悪しき故用いざるがよし」とあり、ことに、寒蜆を喜びますが、立春後のほうが、身も太って美味《おい》しいという声もあります。料理人・万作は、これに香り高い田芹《たぜり》を和《あ》えました。春の訪れを感じさせる一品です。

［蜆と芹の胡麻《ごま》和え］

蜆は水から酒を少々入れて茹《ゆ》で、ざるにあげて身を取り、薄味のだしに漬けます。田芹は水でよく洗い、さっと茹で、冷水であく抜きして薄味のだしに漬けます。煎《い》り胡麻をよくあたり、砂糖、醤油で味を調え、先の蜆と芹を混ぜ合わせます。

第二十四回

細魚の曲げ焼き／鯵の手鞠鮨

［細魚《サヨリ》の曲げ焼き］サヨリは腹開きにして、頭と尾を切り落とし、薄塩をあてます。細魚の両端を曲げて串をさして焼きます。このとき、開きにしたサヨリを一夜干しにすると味わいが深まります。
［鯵の手鞠《てまり》鮨］アジは三枚におろし、塩をして酢洗いし、毛抜きで中骨を抜き、手で皮をはぎます。鮨飯を作り、手鞠鮨に握ります。

忠吾、ひと手間を惜しむでない。

読めない漢字が多いのがこの『鬼平舌つづみ』。

さて「細魚」はなんて読むのでしょう。答えは、細い魚と書いて「サヨリ」。日本各地に生息するサヨリ科の魚です。全長は三十センチ程度。東京湾では三月から五月ごろにかけて産卵のため接岸し、その時期が釣りのチャンスです。

文字通り体は細く、昔は秋刀魚《サンマ》と混同されていました。

どちらも口が尖《とが》っていますが、サヨリの口は上あごより下あごの方が長く、いわゆる〃受け口〃。そして、口の先が美しい紅橙色をしています。印象としては、細身で、紅をさした受け口の美人といったところでしょうか。かの北原白秋は、細魚をうたった詩を「お姉さまに似てる」と結んでいます。

細魚は東京湾でよく獲れたので、江戸の料理にはよく登場します。「さより骨ぬき」「さよりの膾《なます》に焼き松茸と煎り酒山葵《わさび》」「さよりの膾に椎茸と煎り酒」など。なかには「合わせさより」などという不思議なものもあります。これは、サヨリを合わせて乾燥させたもの、ということですが、開いたサヨリを二尾合わせて干したのでしょうか。

魚は全般にそうですが、風をあてることで数段味がよくなります。江戸時代に書かれた『鯛百珍』を読んでも、鯛を料理する過程で「風にあてる」という表現が多くみられます。サヨリも、一晩くらい風にあてると適度に水分が抜け、味に密度が増すような気がします。

先日も行きつけの鮨屋で食べたのですが、サヨリは刺身も握りもおいしいのですが、さっと炙《あぶ》って柑橘酢をしたたらせて食べるほうが、サヨリらしさが出るような感じがします。やや頼りなさを覚える食感がまず来て、そのあとに魚肉の味わいが追いついてくる。かすかな香味もサヨリの控えめな主張です。このごろは、魚は新鮮であればすぐ生＝刺身で食べたがりますが、新鮮なものほど干してさっと焼く、あるいは薄塩をあてて酢にくぐらすなどひと手間かけたほうが、味わいに広がりが出ます。

鯵《アジ》や鰯《イワシ》、鯖《サバ》などの青魚もそうで、塩をしたり、酢〆にすることで、魚本体が持つ旨《うま》味《み》をさらに引き出すことができます。ことに江戸前鮨には、鮮度保存の目的もさることながら、新鮮な素材をよりうまくいただくための技術が濃縮されています。

コハダにしろ、穴子にしろ、アワビにしろ、酢で〆たり、煮たりするひと手間をかけることで、素材の持つ味をより引き出す。それが近頃は、鮨＝刺身を握ったものになっているのは悲しいですね。

釣りたてのアジをそのまま皮をはいで、塩水で洗って食べた時の味も感動ものでしたが、概して生はすぐ飽きます。

それより、釣ってすぐ血抜きをし、水氷（氷で温度を下げた海水）に浸けて、持ち帰ったアジを三枚におろし、軽く塩をあて、さっと酢にくぐらした味わいは、生をはるかに凌駕《りようが》します。

ひとつ補足をしておきますと、酢洗いしたアジは皮をはぎ、頭と尾と平行に、いわゆる拍子木造りにするのがコツ。そぎ身にしたよりも歯ごたえがよく、造りの技術も味のうち、ということが体験できるでしょう。

第二十六回

鮎魚女の蓮蒸し

蓮根は皮をむき、酢水にさらしてあくを抜く。蓮根をおろし金《がね》ですりおろし、軽く絞り、つなぎに小麦粉少々を入れて混ぜ合わせる。アイナメは三枚におろし、骨が硬いので5ミリ程度に骨切りして、皮と身に強火で焼き目をつける。すりおろした蓮根をアイナメで巻いて、蒸し器で蒸す。銀餡《あん》（醤油の色をつけない餡）をかけて蕨《わらび》を添え、天盛りに山葵《わさび》を置く。

女は外見ではわからぬ、なあ忠吾。

またまた難しい魚名です。「鮎魚女」は「アイナメ」と読み、ほかに「鮎並」などとも書きます。鬼平犯科帳に「鮎並」が登場するのは、文春ウェブ文庫巻之参拾四「白い粉」（文春文庫新装版九巻所収）の第二章。

……上方でいう〔あぶらめ〕という魚。

関東では鮎並というし、江戸へ入る小さなのを〔クジメ〕ともよぶ。

長谷川平蔵は若いころから、この鮎並が大好物であった。

鮎並は細長い姿をしてい、緑褐色の肌に斑紋が浮いているし、鮎のような姿ながら、あまり美しいとはいえぬ。

平蔵は、これを辛目に煮つけたものが、好きであった。……

およそ、この記述どおり。アイナメはアイナメ科の魚で、全長は三十センチ前後。福島県以北では五十センチ以上の大物もいます。三十メートルくらいまでの岩場や海藻の茂るところ、消波ブロックの下などに棲んでいます。

厳密にいえば、クジメはアイナメと似ていますが、アイナメは側線が五本なのに対し、クジメは一本。またアイナメの尾びれは直線状であるのに、クジメのほうは円い、ということで違う魚とされています。東京周辺の釣り人は秋の終わりから、春の初めにかけて狙いますが、味の上での旬は春から初夏です。顔は鮎と似ていなくもないのですが、姿は池波氏が書いているように、あまり美しくはない。ところが人が外見ではわからないように、身のほうは透明な白身で、味は「鮎並み」ではなくて、鮎以上です。

江戸時代の釣り事情を書いた長辻象平氏の労作、『江戸釣魚大全』（平凡社　一九九六年）をひもときますと、アイナメの記述がいくつか見られます。

なかでも興味深いのは、日本の釣魚大全ともいえる『何《か》羨録《せんろく》』を残した江戸の旗本、津軽采女《うねめ》が江戸前の海の〝根〟について述べているくだりで、『何羨録』に収録された二十五の根のうち、最低ランクの根を「この所にてはあいなめばかり食う」と書いています。

このことから想像するに、アイナメは釣りの対象魚としては、江戸時代にすでに立派に認知されていましたが、けっして上魚ではなかったということでしょう。

われらが御頭の好物なんですがねぇ……。ちなみに、この津軽采女は四千石の旗本で、寛文七年（一六六七）江戸の生まれといいますから、鬼平より少し前の時代の人です。かの吉良上野介の娘を嫁にもらい、将軍の秘書官役までやったのですが、ケガを理由に辞職し、釣り三昧の人生をおくったという、私の理想のお侍さんです。

さて、アイナメをどう料理するか？　われらが御頭の好物は煮つけ。

江戸時代から続いた深川の米屋の子孫である私の知人も、小さいころからアイナメは煮つけでしか食べなかったといいます。ところがこの魚、鮮度がよければどのようにしても美味《うま》い。釣りたてをすぐ〆て血抜きをし、氷水に入れ、一晩寝かせたのをお造りにすると、透明感のある白身に上品な脂が乗り、淡泊でいて濃厚な味わいが楽しめます。福島県の小名浜や仙台、盛岡あたりでは普通に料理屋で出しますので、機会があれば、是非お試しください。

もちろん、塩焼き、椀だね、揚げ物、さらに干物でもおいしい。料理人・万作はアイナメを蒸しものにしました。それも、蓮根《れんこん》を使った蒸しものです。蓮根の主成分はでんぷんで、ビタミンCもそこそこ含んでいます。

料理するときに蓮根の皮をむき、酢水にさらすのは、色を白くきれいに仕上げるためですが、そうすることでビタミンCの破壊も少なくてすむのだそうです。また蓮根の絞り汁は胃潰瘍や十二指腸潰瘍にも効き目があるといわれ、中国では蓮は不老食とされています。

第二十六回

独活とこごみの山椒味噌和え
菜の花団子

［独活とこごみの山椒味噌《さんしよみそ》和え］うどは皮をむき、酢水にさらし、あく抜きをしてざるにあげます。こごみはよく水洗いして、色よく茹《ゆ》で、冷水にさらしてざるにあげます。山椒の葉をあたり鉢でよく摺《す》り、田舎味噌に砂糖、酒を加えて再びよくあたり、味をととのえて山椒味噌を作ります。うどとこごみを山椒味噌で和えます。

御頭、春の香りですねぇ。

「独活《うど》の大木」のうどというと、なんとなく間抜けな印象がありますが、その鮮烈な香気は、若く粗野ではあるが〝切れ者〟を思わせる春の香りです。

漢名は「土当帰」、英語では、udo または、udo salad plant。ものの本には、うどは邪気を去り、風熱を冷やし、手足のしびれによい、とあります。

普通、八百屋で売っているうどは、山に自生する山うどを、軟白栽培したもので、栽培技術は三百年前からありました。鬼平犯科帳のなかにも、平蔵がうどの糠《ぬか》漬けで寝酒をやっているシーンがあります。

こごみはクサソテツの若芽で、山うどと同じ山菜の一種。若芽が渦巻状にくるくると巻いた形状をしています。

山菜は、池波正太郎氏の好物ですから、うどもこごみも鬼平好みには違いないのですが、江戸のひとが山菜なんぞ食べていたのでしょうか？

調べてみましたら、ちょっと驚き。江戸時代の初期は〝山菜ブーム〟だったというのです。

せり、みつば、ふき、ふきのとう、うど、たんぽぽ、かんぞう、うこぎ、かわちしゃ、すべりひゆ……。異常といえるほどの種類の山菜や野草が、お汁の実や和えものなどに調理され、食卓に上っていました。

このブームは江戸の初期から始まり、鬼平の時代を経て文化・文政期まで続き、天保になると立ち消えになったそうです。これは、当時、蔬菜《そさい》が不足していたことによるものではないか、といわれています。以上は、日本風俗史学会編『図説江戸時代食生活事典』（雄山閣　一九八九年）からの受け売りです。

というわけで、鬼平が山菜を食べていたことはおおいにありうることなのです。

うどと味噌は抜群に相性がよく、山うどなども皮をむき、薄く切って、酢水にさらし、あくを抜き、生味噌をつけて、しゃきしゃき音をたてて食べれば、酒がいくらあっても

足りないくらい。

明治の食通、林春隆が書いた『野菜百珍』にも、「味噌掛けうど」の味噌として、きのめ味噌、山椒味噌、山葵《わさび》味噌、唐辛子味噌、胡麻《ごま》味噌などが挙げられています。

さて「菜の花団子」は道明寺粉《どうみょうじ》を使って作ったお菓子です。

この道明寺粉というのは、大阪・藤井寺市にある真言宗の名刹、道明寺に由来する道明寺糒《ほしい》を粉にしたものです。

道明寺は菅原道真ゆかりの寺で、天満宮に供えられたご飯を乾燥、貯蔵したものを道明寺糒といっていましたが、のちにもち米を蒸して乾かして粉にしたものを道明寺粉あるいは、道明寺というようになりました。和菓子の「道明寺」の名も、ここから来ています。

菜の花は、古くから日本で栽培され、江戸時代には房州（千葉県）から船で江戸へ出荷もされていたのですが、食用になったのは昭和に入ってからなのだそうです。

でも、山菜や野草と同じように、鬼平の時代には、菜の花も食べていたんじゃないかな、そんな気がします。

「独活とこごみの山椒味噌和え」と「菜の花団子」、左党であり甘党でもある御頭にぴったりのメニューです。

［菜の花団子］
菜の花をかために茹《ゆ》で、冷水にさらしてよく絞り、粗めに刻みます。道明寺粉をお湯でよく混ぜ、さらに刻んだ菜の花と合わせ、団子にします。こし餡《あん》を添えて勧めます。

第二十七回

鮎の巻繊焼き

①、鮎は腹開きにし、内臓、中骨を取り、よく洗い、うす塩をあてる。②、蒟蒻《こんにやく》、人参、椎茸、牛蒡《ごぼう》、絹さやを繊に切って、胡麻《ごま》油でさっと炒め、薄口醤油、酒、味《み》醂《りん》、だしで軽く味をつけ、ざるにあげておく。③、豆腐は水切りして裏ごしし、おろし山芋を少量加え、砂糖と塩少々で味つけし、合わせる。④、②と③を合わせて鮎で巻き、オーブンで焼く。⑤、あしらえに沢蟹の素揚げと子茗荷《みようが》の甘酢漬けを添えます。

御頭、鮎の季節ですなぁ。

巻繊《けんちん》はおなじみ、けんちん汁の「けんちん」です。
けんちん汁は、文春ウェブ鬼平犯科帳では、巻之弐拾八「あきれた奴」（文春文庫新装版八巻所収）のなかに登場。

清水門外の役宅にほど近い堀端に、夜になると「茶飯売り」が店を出し、「寒い夜などに気が向くと熱い「けんちん汁」の用意をしていることもあって」とありますから、もう鬼平の時代には、一般的な食べ物だったのでしょう。

鎌倉時代以降に、禅僧や貿易商人たちが伝えた中国料理は庶民の間に広まり、卓袱《しっぽく》料理とか普茶《ふちゃ》料理などと呼ばれ、江戸時代に流行しました。

「巻繊」とは、その料理法のひとつです。その名のとおり、「繊」（千切りに細かく）に切ったものを「巻」いて調理するのが基本。

本山荻舟《てきしゅう》の『飲食事典』には、

「精進料理には繊に切った大根・椎茸またはキクラゲ・笹がきゴボウなどを胡麻《ごま》油で炒め、豆腐を崩してやはり油で炒めたのとまぜ、醬油・酒で下味をつけ、湯葉に巻いて止口《とめくち》に水溶きした葛粉《くず》を塗り、油で揚げるか好みの味に煮ふくめる」

とあります。

でも、けんちん汁は、繊に切った野菜は入っていても巻いていないのでは？　という疑問がわきます。

実はけんちん汁にはもみ海苔《のり》などを加えるのが正式で、それが巻くことの略なのだそうです。本山荻舟という人は、なんでもよく知っていますねぇ。

「繊に切る」「巻く」以外の約束事は油を使うこと。

けんちん汁でも、材料を胡麻油で炒めるのはそれによるものです。

現在の中国料理では春巻が「巻繊」の代表格ですが、あれも野菜や肉などを繊に切って、小麦粉の皮や網脂などで巻いて、油で揚げてあります。


さて、料理人・万作の逸品は「巻く」材料に鮎を使うことにしました。

鮎は六月の魚。たいていの河川では六月一日が鮎の解禁日で、珪藻《けいそう》をたっぷり食べた天然の鮎が食卓にのぼるようになります。

鮎は「香魚」とも呼ばれ、珪藻を食べることで、その香りに特徴があるといわれてきました。棲んでいる河川によって香りが違う。

神吉拓郎氏が『たべもの芳名録』(新潮社　一九八四年)の中で、たとえば吉野川の鮎は「花びら鮎」といって、川面に散る花びらを食べているから、身にもワタにも花の香りがする、などという話を書いています。

ところが、私の知人が学会に出席して、さる高名な学者から聞いた話によると、鮎の香りは食べている珪藻によるものでも川の水によるものでもなく、ある程度成長すると出てくる匂い、人間でいえば「加齢臭」だというのです。

いわばジジ臭い、ババ臭い匂いなわけですが、なんとも色気のない話で……。失礼しました。

第二十八回

焼き茄子の辛子醬油ひたし

茄子は焼いても家焼くな、ですね、御頭。

茄子《なす》、胡瓜《きゅうり》、葱《ねぎ》と大根、それに小松菜あたりが、江戸の野菜のベスト5でしょうか。なかでも茄子は、「一富士、二鷹、三茄子《なすび》」と称され、また初茄子は大変な贅沢《ぜいたく》とされていましたから、ベスト・ワンは間違いなく茄子であります。

江戸時代にはすでに、茄子はいろんな種類が全国で栽培され、小さいものや長いもの、大きいものと各地の名産を誇っていました。

たとえば、俳聖・芭蕉が「めづらしや　山を出羽《いでは》の　初茄子《なすび》」とうたったのは、山形県庄内地方の名産の民田《みんでん》茄子。一口大の茄子で、明礬《みょうばん》と塩だけで浅く漬けたものや辛子漬けなどにするうまい茄子で、現在も地域の名産品です。

では、鬼の平蔵はどんな茄子を食べていたのか?

茄子を金網にのせ、直火で皮が焦げるまでまんべんなく焼く。焼けたら水につけてあら熱を取り、すばやく引き上げ、やけどをしないように指を水につけながら手早く皮をむく。和辛子を醤油に溶き、茄子をひたし、冷ましてから刻んだ紫蘇《しそ》の葉をのせて供します。

文献によれば、江戸近郊、千住《せんじゅ》や寺島でとれた茄子が名産だったようです。鬼平の時代よりは半世紀ほど下った時代の『続江戸砂子』には、千住茄子とともに寺島茄子の名が見えます。

「西葛西の内也、中の郷の先、江戸より一里余」とあり、「形長きあり、丸きあり、横ひらたくしてみぞあるあり」とありますが、これだけではどんな茄子だったのか想像がつきません。

戦前からの青果業者に聞いてみても、記憶にないといいますから、昭和の初期には廃《すた》れていたのだろうと思われます。

寺島村は、現在の向島、白鬚《しらひげ》神社のあたりで、江戸時代には寺島茄子は本所四ツ目や神田の青果市場に出荷されていたそうですから、本所っ子の鬼平が食べていたのは「寺島茄子」だったと思われます。

向島の白鬚神社の境内には、「寺島茄子の碑」が立っています。

茄子はどのようにしてもうまい野菜ですが、簡単かつ奥深い料理法としては「焼き茄子」がおすすめです。

金網に乗せ直火で焼いて水に取り、手早く皮をむくだけの料理ですが、これがなかなかうまくいかない。どうしても水っぽくなるのです。

私の知人に焼き茄子の名人がいます。彼女の焼き茄子は、水っぽくなく、皮のこげた香りが香ばしく、実にうまい。コツは茄子を焼いて水に取るのですが、そのとき水に長くつけず、あら熱を取るだけですぐ引き上げ、熱いのを我慢して、指を時々水につけながら、手早く皮をむくのだそうです。これは手の皮が厚くなければできない技。ちなみに彼女の名前は厚子といいます。

もっと凝った焼き茄子は、茄子を棒で軽く静かに叩き、軟らかくなったのを、丸のまま熱い灰の中へ埋めて、焼けたら取り出し手早く皮をむき、生醤油あるいは生姜《しようが》醤油か辛子醤油で食べる。

しかし、いまは熱灰などは、バーベキューでもしないとできませんから、やはり、金網、直火、〝手の皮厚子〟でむくしか方法はなさそうです。

茄子の品種改良はどんどん進み、かつては毒があるとまでいわれていた茄子も、サラダでも食べられるようになりました。大阪は泉州名産の水茄子がそれです。料理人・万作の店でも出していますので、是非、ご来店のうえお試しください。

第二十九回　トビウオのなめろうと、さんが焼き

島帰りのヤツが「うまい！」と言ったそうな。

「なめろう」「さんが焼き」ともに千葉県の漁師料理。鯵《アジ》の叩きに似たものですが、こちらは味噌と一緒に、もっと細かく叩くのが特徴です。千葉県でも南房総あたりが発祥の地らしいのですが、いまでは外房、内房、東京などでも、この料理をメニューに加えている店があります。

叩きのほうはもっぱらアジですが、「なめろう」と「さんが焼き」は、アジのほかカマス、鰯《イワシ》、イサキ、ムツなどを使います。ことにうまいのがイサキのなめろう。釣り上げたばかりのイサキを三枚におろして皮をはぎ、小骨を去ったあと、ブツブツに切って粗く叩き、葱《ねぎ》と味噌を加えてさらに細かく叩く。粗いペースト状になるくらい叩くのがコツです。これをそのままいただくか、好みによって酢をたらす、あるいは酢を加えた醤油に少しつけていただく。

［なめろう］トビウオは三枚におろして皮をはぎ、小骨を去り、葱《ねぎ》、生姜《しようが》、紫蘇《しそ》の葉をきざみます。トビウオの身を粗く叩いた後、味噌、葱、生姜、紫蘇をまぜ、一緒に細かく刃叩きします。
［さんが焼き］叩いてなめろうにしたトビウオを、ハマグリの殻に入れて焼きます。

私がよく通っている東京の漁師料理の店では、ワカシやイナダなどもなめろうにしますし、内房の富津《ふっつ》岬では名産のバカ貝のなめろうと、さんが焼きが名物料理。これもなかなかの味です。

さんが焼きは、なめろうを焼いた魚のハンバーグのようなもの。私が初めて食べたさんが焼きは、アワビの殻に、なめろう状態になった魚の身を詰めて、表面に紫蘇《しそ》の葉をのせて焼いたものでした。外側は火が通って脂がジュウジュウ、中は半生で、ステーキにたとえると、ウェルダンとミディアム・レアが同時に味わえるようなものです。

南房総では、貝殻ではなく、瓦にのせて焼いたり、板に塗りつけて火にかざして焼いたそうです。

「なめろう」と「さんが焼き」の名前はどこから来たか?

なめろうの名は美味くて皿までなめるからとも、ペースト状に表面をなめすからともいわれています。また、さんが焼きは「青紫蘇、生姜《しょうが》、長葱」の三つの〝辛いもの〟を使うから、三辛(さんがら)→さんがとなったとの説が、自然派作家・甲斐崎圭氏の『魚派列島　にっぽん雑魚紀行』(中公文庫　一九九七年)の中に出ています。現に、南房総の和田浦では、さんが焼きは「さんがら」、なめろうは「なめら」と言っているそうです。このなめろうとさんが焼きを、料理人・万作はトビウオで作って御頭に進ぜようというのです。

江戸の人がトビウオを食べていたかどうか？　天保二年（一八三一）刊行の『魚鑑』には、「とびうを。和名抄にとびを、九州にあごといふ。状すばしり（ボラの幼魚）に似て、両翅（ひれ）長く、海上に群れ飛び、すぐに行《いく》こと香車のごとし」とあり、筆者の武井周作は、日本橋の魚河岸に通ってこの本を書いたといいますから、江戸の人は確実にトビウオを食べていました。

トビウオはダツ目トビウオ科の魚の総称です。上下に分かれた尾びれの下のほうが長いのが特徴で、この尾びれにパワーが秘められています。翼の役目をする大きな胸びれや腹びれを、体にぴったりとつけて、尾びれを使って水中をかなりのスピードで〝助走〟し、水中から飛び出すや、胸びれを広げて滑空します。空中にいる時間は五、六秒、距離にすると十メートル程度ですが、四百メートルも飛んだ記録も残っているとか。

流刑の地で知られた八丈島ではトビウオは特別な魚で、大きさ、重さにかかわらず、一本二本と、本単位で取り引きされます。名産のくさやも、トビウオを使ったものは高級品です。江戸時代には、すでにくさやの汁のもとになるエンバイという魚醬があった（石毛直道『面談たべもの誌』文藝春秋　一九八九年）ということですから、八丈島から戻った幕府の役人が、トビウオのくさやを鬼平に献上、などということがあったかもしれません。

第三十回

栄螺の水貝

サザエは殻からはずし、身は厚切りにして塩洗いし、水で洗います。肝は適当な大きさに切り、湯降りし、冷水にとります。器に薄い塩水をはり、氷を浮かべ、サザエと青柳、大根、胡瓜《きゅうり》、人参などを盛り込み、ポン酢にて勧めます。

暑いときには水がいい、いや水貝。

われらが御頭、鬼の平蔵は温泉と貝が好き。

「熱海みやげの宝物」（文春ウェブ文庫巻之四拾五・文春文庫新装版十三巻所収）では、季節が冬だったせいで、鬼平は鰈《カレイ》の煮つけをうまい、うまいといって食べていましたが、寒い時季でなければ、栄螺《サザエ》の壺焼きに舌つづみを打っていたはず。というのは、熱海近辺の磯にはサザエがたくさん棲んでいて、いまでも名産だからです。

Yさんは熱海・伊豆山港の漁師ですが、海士《あま》もやっていて、素もぐりでアワビやサザエを捕るのを生業《なりわい》としています。港にはYさんの小屋があって、海で冷えた体を温めるために、小屋で焚き火をするのですが、気が向くと、出荷するにはいささか小さいサザエを焼いてくれるのです。それも殻のまま直火で焼く、正真正銘の壺焼き。

サザエのふたの部分から汁が沸騰して吹き出してきても、そのまま焼き続け、頃合を見はからって焚き火から遠ざける。手でつかめるくらいに殻が冷めたところで、サザエの口を片方の手のひらに打ちつけるように二度、三度叩くと、あら不思議、サザエの中身が、先っぽのワタの部分まできれいに出てくるのです。旅館などで出される壺焼きは爪楊枝で中身を引っ張り出すと、ワタの部分は切れて殻のなかに残る、なんてことがしばしばですが、この豪快壺焼きだと、中身は全部出てきます。肉もさることながら、このワタのほろ苦さが冷酒にあって……、こたえられませんな。

この熱海・伊豆山港のすぐ近くに、千二百年前に発見されたという横穴の洞窟から湧き出る源泉があります。お湯が走るように海に流れ出していたことから、「走り湯」と名づけられたこの温泉は日本三代古泉の一つ。江戸時代には、伊豆山神社の神湯として信仰されていました。熱海に逗留したときには、鬼平も足を運んでいたはず。その帰り、漁師たちがサザエを焼いているのを見つけ、酒を買いにやらせて、鬼平も一緒に酒盛り……なんて光景も目に浮かびます。

サザエは、北は北海道・函館あたりから、九州一円までの荒磯に棲む巻貝。ツノがあるのが一般的ですが、瀬戸内海の静かな海域に棲むものは、丸っこくツノがないそうです。

サザエを使った変わりだねの食べ物といえば「サザエの塩辛」。日本海は、山形県酒田沖に浮かぶ小さな島、飛島《とびしま》の名産品で、瓶詰で売られています。塩辛といっても普通の塩辛とは違って、イカの内臓で作った魚醤、つまりタイ料理で使うナンプラーやベトナム料理で使うニョクマムのようなものに、サザエの身を漬け込んだものです。

身だけ食べると、やけにしょっぱく、磯臭いのですが、身もさることながら、このタレがくせもの。鍋物のだしのベースに使ったり、大根を煮るのに加えたり、サザエの壺焼きにたらしたり、ようするに醬油と同じように使うのです。日本海には、石川県能登半島に「いしる」という魚醤があり、秋田県男鹿半島には「しょっつる」という魚醤があるわけですから、その中間点の飛島に「塩辛」という名の魚醤があっても何の不思議もありません。

さて水貝。

水貝とは貝の種類ではなく、普通はアワビ、それも肉の表面が青黒いオガイと呼ばれる種類を使って作る料理です。塩で〆、さいの目に切ったアワビの肉を、ぶっかき氷とともに器に入れ、海水と同じくらいの食塩水を注ぎ込む、なんとも涼しげな一品です。

その水貝を、料理人・万作はサザエで作りました。江戸時代のものの本には、夏の「膾《なます》」として、鯉の洗い、鱸《スズキ》の洗いなどとともに、水貝が登場します。貝好きで、暑がりの御頭にはぴったりの夏のご馳走です。

第三十一回
鰻の養老蒸し

鰻は裂いたものを白焼きにし、長さ５センチほどの拍子木切りにします。長芋は皮をむいて、水にさらして、同じように５センチほどの拍子木に切ります。長芋を下に、鰻を上にして、三つ葉で結び、蒸し器で蒸しあげます。だし８、薄口醤油１、味醂《みりん》１で餡《あん》を作ってかけ、山葵《わさび》を添えて勧めます。

御頭、精がつきすぎですよ。

………辻売りの鰻《うなぎ》屋は、道端へ大きな木の縁台を出し、その上で鰻を焼き、道行く人びとに売るのだ。

近年は、江戸市中にも料理屋のかまえで、上品に鰻を食べさせる店が増え、それが一つの流行になってきているけれども、平蔵が若いころには、

「あのようなものを食べるものではない」

と、いわれていた。………

（「雲竜剣3　闇」文春ウェブ文庫巻之五拾弐・文春文庫新装版十五巻所収）

夏だ！　鰻だ！　蒲焼《かばやき》だ！　の季節がやってまいりました。

土用の丑《うし》の日には、世間の人びとは夏バテ防止対策に鰻を食することになっています。

右の引用にもあるように鰻料理は江戸時代、それも鬼平が活躍する少し前ごろから、一般的になっていました。

ビタミンAを多く含み、高タンパク、高脂肪の鰻は、古くは万葉の時代から精がつく魚として知られていましたが、調理法が確立していませんでした。

蒲焼以前は、丸焼きにしたものに、山椒《さんしょ》味噌を塗ったり、溜まり醬油をつけたりして食べていたことが、「雲竜剣3　闇」の他、文春ウェブ文庫巻之弐拾六「泥鰌の和助始末」(文春文庫新装版七巻所収)に記されています。

鬼平が生まれるちょっと前、正徳二年(一七一二)に刊行された『和漢三才図会』には「馥焼《かばやき》」の項があり、中くらいの大きさの鰻を裂き、腹わたをとって、四つか五つに切り、串を打って、醬油か味噌をつけて炙って食う、「味甘香美」と書かれており、かの『養生訓』を著した貝原益軒も、鰻を「河魚ノ中味最美シ」と大絶賛しています。

鰻を背開きにし、蒸しあげ、それをタレにつけて焼き上げるようにした「蒲焼」スタイルは、江戸独特のもので、タレがこげる香ばしさと、甘辛さ、それに身の柔らかさが江戸っ子の好みにぴったりとあったのでしょう。

『泥鰌の和助始末』には、鬼平の長男・辰蔵が「喜田川」という鰻屋にほれ込んでしまう場面も出てきます。とにかく鬼平が生きた時代は、鰻の株が〝うなぎのぼり〟だったことは確かで、有名店もできはじめました。

鬼平犯科帳にもしばしば登場する、上野山下のケコロ(私娼)屋あたりにも、上総屋と大和屋という二軒が隣り合っていて大にぎわい、なんて記録もありますし、神田・水道橋近くの森山の蒲焼も評判でした。いまも繁盛している上野の「伊豆栄」も、創業が享保年間ですから、鰻ブームにのって開業した口でしょう。

ところで、鰻は山芋が変じたものであることはご存じでしたか?

鰻の産卵の生態が謎だったことから、日本では古来、「山芋変じて鰻となる」と言い伝えられてきました。それにまつわるユーモラスな逸話も残っています。ひとつ紹介すると——。

檀家から尊敬されているある坊さんが、実は鰻好きで、時々自分で鰻を調理して食べていた。ある日鰻をまな板に乗せ、庖丁をふるおうとしていたところ、檀家のひとりが訪ねて来た。そのとき坊さん、すこしもあわてず、山芋を汁にして食べようとしたら言い伝え通り、山芋が鰻になってしまった、と言い放ったとか。

末広恭雄『魚と伝説』(新潮文庫　一九七七年)に載っている話です。

鰻と山芋(長芋)、どちらも精がつく食べ物とされていますから、このふたつを合わせた料理人・万作の一品は、名づけて「養老蒸し」。

これをいただけば、御頭も夏バテ知らずでしょうなぁ。

第三十二回　寄せ素麺

御頭、素麺を食いっぱぐれましたね。

新暦七月七日、七夕祭りは梅雨《つゆ》のまっただ中で、空梅雨の年でもなければ天の川など見えはしません。その点、旧暦の七月七日はだいたい新暦の八月初旬にあたり、立秋も近づき、夜空も清明さを増してきます。

昔ながらの祭りは、やはり旧暦でやらないと季節感がありませんね。

江戸時代、七夕は七月六日から始まったといいます。

その前日あたりから、お飾り用の竹を売る竹売りの「竹や〳〵竹」の声が、江戸の町のいたるところで聞かれました。竹とともに、七夕祭りに欠かせないのが素麺でした。

七夕と素麺の関係については長くなるので省略しますが、七月七日に素麺を食べると「おこり」（熱病の一種）にかからないといわれ、盂蘭盆会《うらぼんえ》の贈答品としても使われていました。

寒天を水につけたあと、小さくちぎって煮溶かし、ゆるめの寒天地をつくっておきます。素麺の片側を縛り、やや硬めに茹《ゆ》で、冷水にとった後、先の寒天地に浸けて軽く絞り、密閉容器に並べ冷やします。

薬味には子茗荷《みょうが》、小葱《ねぎ》、錦糸玉子、おろし生姜《しょうが》。旨味だし（だし６、濃口醤油１、味醂《みりん》１）をかけて勧めます。

素麺の製造は冬。梅雨を越したのがうまいとされ、七夕からお盆にかけては冷素麺、冬には熱い汁に素麺を入れた素麺汁（にゅうめん）にして広く食されていました。

素麺の起源は古く、奈良時代の文書には「索餅」の文字が見られるそうです。「索餅」は「麦縄」ともよばれていた素麺の原型で、奈良朝廷で食されていました。奈良・三輪山の大神《おおみわ》神社の神前にも「索餅」がそなえられ、これが元祖、三輪素麺の始りとされています。

素麺は小麦粉に塩と水を加えこね、紐状にして植物油を塗って延ばします。さらに竹竿を使って細く延ばし、寒風で乾燥させます。冬寒く、乾燥している盆地で、雪が少ないというのが産地の条件で、奈良・三輪山のふもとで作られた三輪素麺は、「細きこと糸のごとく、白きこと雪のごとし」と江戸時代より賞賛されていました。

実はわれらが御頭、長谷川平蔵も、文春ウェブ文庫巻之拾壱「兇剣」（文春文庫新装版三巻所収）で奈良・三輪山を訪れる予定でした。食いしん坊の忠吾と一緒でしたから、ふたりとも三輪素麺を楽しみにしていたふしがあるのですが、凶悪事件が持ち上がり（仔細は「兇剣」をお読みください）、それも叶いませんでした。

作家の池波正太郎氏も素麺は好物だったとみえ、食日記のなかにも、単に素麺という表記ではなく、「阿波の素麺」とか「三輪のそうめん」などと産地を明記しています。

元祖、三輪素麺の製法は各地に伝わり、播州素麺（兵庫県）、半田麺（徳島県）、島原素麵（長崎県）、大門素麵（富山県）などを生み出しました。

ちなみに池波氏が記した「阿波の素麵」は半田麵と思われます。これは三輪や播州と比較すると幾分太めですが、滑らかでのどごしがよいので人気があります。

池波氏にとって、素麵は特別な思い出を秘めた食べ物でした。

というのは、池波氏の人間形成に大きな影響を与えた曾祖母の好物が素麵で、曾祖母が亡くなる前の夏の二カ月間、池波少年は小学校から帰ると、毎日素麵を茹で、冷水で冷し、その枕元へ運んでいたからです。池波氏はその時の様子を、以下のように書き残しています。


……曾祖母は、死に至るまで、一日のうちのこのときを、もっともたのしみに待っていてくれ、私のこしらえた素麵でなくては、決して口に入れなかった。

死ぬ直前、曾祖母が私の手をつかんでいった。

「長らく、そうめんを、ありがとうよ」……（『食卓の情景』）

さて、料理人・万作は食が細くなりがちなこの時期にぴったりのご馳走を作りました。素麵を寒天地でくるんだ「寄せ素麵」。目にもお腹にも心地よい逸品です。

第三十三回　冷やしのっぺい汁

うさぎ、のっぺいでいっぺいやらぬか。

……〔弁多津〕という料理屋は小体《こてい》な店構えだが、

「冬になると弁多津の、のっぺい汁が恋しくなる」

と、盗賊改方の長官・長谷川平蔵も年に何度かは足を運ぶらしい。

いろいろな野菜に、むしり蒟蒻《こんにゃく》、五分切りの葱《ねぎ》などを、たっぷりの出汁《だし》で煮た能《のっ》平《ぺい》汁は、どこの家でもつくれるものだが、さすがにこれを名物にするだけあって、

「ここの能平汁で酒をのむのは、まったく、たまらぬのう」

と、妙義の團右衛門が、馬蕗の利平治にいった。……

（文春ウェブ文庫巻之六拾五「妙義の團右衛門」文春文庫新装版十九巻所収）

のっぺい汁は池波正太郎氏の好物だったのか、ほかにも巻之弐拾「礼金二百両」（同六巻所収）や巻之参拾弐「鯉肝のお里」（同九巻所収）など、鬼平犯科帳シリーズには

海老《エビ》は背腸《せわた》を取り、片栗粉を霜降りして茹《ゆ》で、薄口八方地（だし8、薄口醤油1、味醂《みりん》1が基本）にて含ませる。子芋は白煮にして薄口八方地に含ませる。小粒の干し椎茸をもどし、濃口八方地で炊《た》く。人参、大根は3～4センチ長さの短冊、蒟蒻《こんにやく》はちぎる。厚揚げは短冊に切り、油抜きして、薄口八方地にて含ませる。枝豆はサッと色よく茹であげる。各材料をよく冷やして涼しげな器に盛り、吉野葛をひいて冷ましてかける。おろし柚子《ゆず》をふって勧める。

たびたび登場します。

のっぺいは能平または濃餅と書き、もとはといえば鳥料理であったのが簡素化し、一般へ普及したのだろうと、本山荻舟《てきしゅう》は書いています。けんちん汁とどこが違うのかというと、まあ似たりよったりですが、塩と酒で味をつけ、醤油は控えめというところと、小麦粉または葛粉でとろみを加えるというところでしょうか。江戸時代の料理本には、鴨と松露（和製トリュフ）と牛蒡《ごぼう》、雁《がん》と塩しめじと皮牛蒡、鶴と榎《え》の木茸《きだけ》と小蕪などの煮物をのっぺいに仕立ててもよいとの記述があり、また串子、金子、煎子といった干した海鼠《ナマコ》ののっぺいもあった（高橋幹夫『江戸あじわい図譜』ちくま文庫　二〇〇三年）そうですから、のっぺいは鳥肉を使った中華風の料理が発祥といえそうです。

当初は高級料理だったものが次第に簡略化され、いわば「とろみをつければのっぺいだ」となって庶民の間にひろがりました。いまでも新潟県一円や島根県津和野地方、奈良県などには、郷土料理として残っています。とくに新潟県ではのっぺいが正月や冠婚葬祭の料理に用いられ、土地によって、あるいは祝儀か不祝儀かによって、野菜の切り方や食材も異なるというほどに、生活に密着したものとなっています。ちなみに新潟県蒲原《かんばら》地方では、祝儀には、里芋、蓮根、蒟蒻《こんにゃく》などの食材を太目の短冊切りにして、鮭のハラスとイクラを入れ、不祝儀には材料を乱切り、あるいは三角に切って、油揚げを入れるそうです。地方料理としてののっぺい汁に共通なのは里芋を入れることと、とろみがついていること。日本人は、里芋と「とろみ」あるいは「粘り」が大好きな民族のようで、里芋や餅、赤飯は、神事やお祝い事には欠かせません。

コメの例をあげると、コメ粒の主体はデンプンで、これはアミロースとアミノペクチンというふたつの成分から構成され、アミノペクチンの量が多いほど粘りと甘味が出てきます。岡山県総社市の三千年前の遺跡から発見された籾《もみ》跡の稲は、ジャポニカ米でした。ジャポニカ米はアミノペクチンが豊富で、アミノペクチン百パーセントのコメがもち米。これと正反対なのがインディカ米で、アミロースが多くパサパサしています。日本にインディカ米が入るきっかけは何度かあったそうですが、美味《おい》しいと感じなかったらしく普及しなかった（福田一郎／山本英治『コメ食の民族誌』中公新書　一九九三年）そうです。日本人は昔から「とろ〜り」や「ねばねば」が大好きだったのです。

われわれの祖先には、里芋を持って日本列島へやって来た民族や稲を持って来た民族などがいて、その遠い記憶が料理や嗜好に残っているのかもしれません。中国料理の餡かけだったのっぺいが形を変え、庶民階級あるいは地方へと伝わったのは、受け入れる側にそういう「とろみ」や「粘り」に対する特別な共感があったから、と考えるのはうがちすぎでしょうか。

料理人・万作はのっぺい汁を冷やし仕立てにしました。椎茸や野菜から出た旨味《うまみ》が、子芋と吉野葛のとろみとあいまって、日頃酷使している胃袋に優しくしみわたります。

第三十四回

カマスの一夜干し

カマスは鱗を取り背開きにし、内臓を取って水で洗う。海水より濃い目の塩水につけ、2～3時間風干しする。頭と中骨、腹骨を取り去り、強火でさっと焼く。茗荷《みょうが》と胡麻《ごま》を加えた胡瓜《きゅうり》の塩もみを添えて勧める。

御頭、四つ目ですぞ！

なぜか鬼平犯科帳には「干物」の登場が少ないようです。

作品すべてを「干物」で検索しましたが、ザウルスからは「見あたりません」の返事が返ってくるのみでした。江戸時代の食べ物の本には、「干し鯛」や「干し鰈《カレイ》」、「鱚《キス》の開き」などが出てきますから、武士階級が干物を食べなかったわけではありません。とにかく、鬼平犯科帳に干物の記述がないというのは不思議です。

秋風とともに美味《うま》くなるのが干物。干物づくりのプロにいわせると、魚と塩と風の三つが干物の出来を左右するそうで、なかでもよい風が吹かないと上物には仕上がらないそうです。

房総半島では、真冬の冷たい西風がいちばんで、絶好の風にあたると二時間ほどで見事に干しあがるといいます。

風と塩の威力はすごいもので、夏の釣行でも、私のイカ釣りの師匠が釣り上げたばかりのスルメイカを船上で開き、海水で洗い、少々の塩を加えて船のロープにひっかけ「イカの船上干し」を作ってくれました。釣りの移動の時間を利用して作業をするのです。真夏の海風でも二〜三時間で、船上干しが出来上がりました。

味はイカの一夜干しに近いのですが、鮮度のよいものをすばやく天然の風で処理していますから、旨味《うまみ》、歯ごたえ、香り等々、市販品とは天と地ほどの差がありました。

カマスは、東京湾の初秋の釣り物です。千葉県の内房・金谷《かなや》港からは、早朝にカマスを狙い、あとはアジを釣る釣り船が出ています。

カマスはカマス科の魚で、体長は三十〜四十センチ。食卓に上るのは、俗にミズカマスといわれるヤマトカマスと、俗にアブラカマス、本カマスといわれるアカカマスで、味はアカカマスのほうが圧倒的によい。両者の見分け方は、第一背びれと腹びれの位置が縦にほぼ同じならヤマトカマス、腹びれが第一背びれより前にあればアカカマスです。

カマスは他の魚と比較して水分が多いのが特徴です。水分が多い魚は鮮度が落ちるのも早い。したがって風と塩の力を借りて干物にするのです。

平野雅章『食物ことわざ事典』によると、干さなくても鮮度のよいカマスの塩焼きは、昔から「カマスの焼き食い一升飯」のことわざもあるくらい美味いとされていますが、よい風で一気に干し上げたカマスの美味さは飛び抜けています。

昔のやんごとなきお方もカマスの味には感動なされたようで、京都御所には「つまみ御料」という料理が伝わっていました。これは焼いて身をむしったカマスの干物と、火取ってもみほぐした浜ワカメを塩味のご飯にまぜ、おむすびにしたものです。

その昔、さるやんごとなきお方が山陰地方の海岸にたどり着き、食事を所望された。土地の老爺がこのおむすびを作ってさしあげたところ、むしゃむしゃと手づかみで召し上がり、たいそう喜ばれたという、いわくつきのおむすびです。

われらが御頭、長谷川平蔵が出張った先で、このようなカマスのおむすびを出されたら、いったいどういうことになるでしょう。想像するとおかしくなります。


カマスの干物をむしってワカメをまぜた塩むすびが出た。ひとつつまんで、

「これはよい……」

と、あっという間に三個をたいらげ、

「われながらおどろいた」

と言った平蔵を見て、木村忠吾はおもわず吹き出した。


なんて表現になるのでしょうか。

料理人・万作は、上がったばかりのカマスを求めてきて、一塩の風干しを作り上げました。酒はもちろん、ご飯にもかぎりなく合う逸品です。

第三十五回 秋刀魚の黄菊鮨

秋刀魚《サンマ》は頭を落とし、背開きにして中骨、腹骨を取り、よく水洗いをして、薄塩を20分ほどあてておきます。その後、水でさっと洗い水気を拭き取り、表面が白くなるくらい酢で洗い、ザルにあげます。酢を入れたお湯で黄菊花を茹《ゆ》で、水にさらし、よく絞り、酢飯とあわせ菊花酢飯をつくります。ラップなどを使って秋刀魚で酢飯を包むようにして形を整えます。茄子《なす》のお新香を添えて勧めます。

菊は長生きに効くと聞く。

寛政の改革で知られた松平定信は、鬼平こと長谷川平蔵の建言を入れて、石川島人足寄せ場の建設、運営をまかせるなど、平蔵のよき理解者であったとされています。江戸時代のものの本に、その定信の屋敷を大学頭・林衡《たいら》（林述斎《じゅつさい》）が訪ねたときのこと、定信が珍しい菊の花を三十種ばかり、きれいな箱にいれたものを見せて、「これは江戸城の内苑で培養した菊で、ほしいのがあったら苗を分けてやるとお上から賜ったものだ」と語った話があります。

この頃より少し時代が下った文化の初めには、江戸の巣鴨あたりで菊作りが盛んになり、大菊（大作り）や風流菊船作り、はたまた孔雀《くじゃく》の羽根を広げたような形に仕上げたものが訪れる人の目を楽しませたとの記録があります。

ちょうど鬼平が生きた時代が、江戸での菊作り流行のはしりだったといえます。

菊はキキョウ目キク科。わが国での栽培の起源は、奈良時代以前にさかのぼります。

最初は観賞用でしたが、漢方薬としても用いられるようになりました。効能は解熱作用、ほてりなど。とくに菊の香りの元である芳香性化合物のテルペンには、自律神経を安定させ、気持ちをリラックスさせる効果があります。昔は五月には菖蒲湯《しょうぶゆ》、秋には菊湯を楽しんだそうですが、これなどはまさに和風アロマテラピーだったといえます。

菊は延命、長命の象徴でもあります。菊の花や葉についた雫や露を飲むと長生きするとされ、菊の雫、菊の露、菊の下水、菊酒、菊枕などは、すべて延命効果があるとされていました。

食用の菊が栽培されはじめたのも江戸時代で、黄色い「阿房宮」はそのころから八戸《はちのへ》（青森県）の名産でした。江州（滋賀県）坂本の坂本菊も有名ですが、近ごろは福井県武生《たけふ》産の食用菊も名高くなっています。

花弁をむしり、鍋に湯をわかして酢を入れ、さっと茹で、すぐに水にとり粗熱を除いたら絞って、二杯酢か三杯酢でいただく菊膾《なます》がいちばん簡便で味わい深い料理法だと思います。前述しましたが、花も葉っぱも天ぷらにするとまた違った楽しみがあります。

『野菜百珍』の著者、林春隆によると、菊の葉に衣をつけ胡麻《ごま》油で揚げたものは、菊を愛した中国の詩人、陶淵明にちなんで「淵明包」というのだそうです。また蒸籠《せいろう》に菊の葉を敷いて魚などを蒸すのを、菊蒸しといい、江戸時代の珍本『鯛百珍』には、鯛の切り身を菊の花と葉で蒸しあげた「長崎菊花漬鯛」なるメニューも登場しています。

菊正宗、菊姫、菊勇、菊川、菊の司、菊水、菊の露……、菊と名のつく酒が多いように、菊とお酒の関係も無視できません。陰暦九月九日重陽の節句に菊の花を浸した「菊花酒」を用いたことと、加賀の銘酒が菊にちなんでいたことから、菊酒とよばれていたことのふたつに関係していると思われますが、それだけではなく、香りと味覚の点からも、菊とお酒はまことに相性がいい。

「………秋更けて酒うまき時、今はただ料理菊でもない抛ったらかし咲かせの白き小菊の一二輪を咬んで一盞《さん》を呷ると、苦い、苦い、それでも清香歯牙に浸み腸胃に透って、味外の味に淡い悦びを覚える………」

（「菊」『露伴全集　第三十巻』一九七九年　岩波書店　原文は一部旧字）

この「菊」は三ページあまりの小品ですが、幸田露伴の菊についての膨大な知識と教養、体験が見え隠れする好随筆です。「――食物としての」という副題がついているとおり、食用の菊の魅力を存分に語っています。

酒と相性がよく、長寿も期待できる食用菊を料理人・万作が見逃すわけはありません。秋の味覚、秋刀魚《サンマ》をネタに、酢飯に菊をまぜこんで姿鮨に仕上げました。秋たけなわの一品です。

第三十六回

馬鈴薯温麺

じゃがいもはメークインを使います。鰹節と昆布のだしと醤油、味醂《みりん》（割合は6：1：1）でだし汁を作っておく。じゃがいもの天地を切り、かつらむききにします。それを水にさらし、あくを抜く。さらに薄い塩水に漬けて、素麺のように細切りにし、サッと茹でる。器に盛り、先のだし汁を熱々にしてかけ、白髪葱《しらがねぎ》、浅葱《あさつき》の小口切り、イクラを盛って勧めます。

芋にも、えらいヤツがいるものだ。

……天明のころからの飢饉つづきで、諸国から江戸へ群れあつまる無宿者たちが跡を絶たぬ。江戸の町は彼らの面倒をいちいち見てはおられず、凶年うちつづく間、これらの窮民は乞食となり、あるいはまた無頼の徒と化し、盗賊に転落する者も少くない……

（「むかしの女」文春ウェブ文庫巻之四・文春文庫新装版一巻所収）

天明七年（一七八七）九月、火付盗賊改方に就任した長谷川平蔵は、その翌々年の寛政元年（一七八九）に、幕府老中・松平定信へ人足寄場設置の建言をします。

これは江戸の治安維持と無宿者の更生を狙ったものですが、その対策を考える過程で、各地方の飢饉の実情はよく把握していたことでしょう。

馬鈴薯（じゃがいも）と鬼平のつながりがあるとすれば、この天明の飢饉です。

馬鈴薯が関東一円に普及するきっかけは天明の飢饉で、当時の甲府代官、中井清太夫がお上に願い出て、馬鈴薯の種芋を九州から取り寄せ、甲州（山梨県）の各村に広めたことに由来するといわれています。これが天災に強い救荒作物として農民に歓迎され、関東一円のみならず、越後（新潟県）や信濃（長野県）にまで広がったという話が残っています。人びとは馬鈴薯を「清太夫芋」と名づけ、いまでも山梨県上野原町には、中井清太夫を祀った「芋大明神」なるものがあるそうです。

この中井清太夫が、赴任地の甲府から江戸に戻ったのが、同じ天明七年の四月。世情にたけ、情報通だった平蔵のことですから、飢饉に強い「清太夫芋」の存在を耳にしていたことは大いに考えられます。もしかすると「清太夫芋」を口にしていたかもしれません。

馬鈴薯は南米・アンデス山麓が原産地。十六世紀にヨーロッパに伝わり、日本には慶長年間の初め（十六世紀末）に、インドネシア・ジャワ島から、オランダ人の手によってもたらされたといわれています。じゃがいもの名の起源は、ジャワのジャガトラ港、あるいはジャワのことを当時ジャガタラと呼んでいたことから来ています。日本上陸の最初の場所は、長崎の平戸でした。十八世紀初頭に北海道で栽培されたとの記録もあり、それから八十年ほど下った天明になると、田沼意次が北海道開発を夢見て、蝦夷《えぞ》地に調査隊を派遣。平蔵は田沼意次の時代に出世した人間ですから、田沼ルートで馬鈴薯のことを知っていたかもしれない……。

ちなみに、その後、蝦夷地探検で有名な最上《もがみ》徳内が「ごしやう芋（五升芋）」の名で馬鈴薯のことを報告しています。まあ、こうなると強引としかいえない想像ですが、鬼平が生きた時代は馬鈴薯が普及し始めた時期と重なっていることだけは事実です。

天保七年（一八三六）には、東北地方を中心に天保の大飢饉が起こります。同じこの年、高野長英が『救荒二物考』を著し、

「炮炙シテ（あぶって）之ヲ食フニ、其（その）淡白ナルコト薯蕷（やまいも）ノ如ク、其甘キコト甘藷（さつまいも）ノ如ク、更ニ滋味粘気アリ、其性毒ナシ、以テ日用ノ食ニ充ツ可シ（中略）、寒地熱国ニ関セズ、荒野瘠地ヲ厭ハズシテ、一根数十塊ヲ得ベシ」

と、馬鈴薯の栽培奨励を説きました。

とはいうものの、白米の味を至上とした当時の人びとの口にはあわなかったようで、馬鈴薯の本格的普及は、明治以後、洋食の一般化と川田龍吉男爵が導入した〝男爵いも〟の登場を待つことになります。

料理人・万作が選んだ馬鈴薯はメークイン。大正七年（一九一八）にイギリスから導入されたじゃがいもです。形が長いことと中が黄色いことから、別名バナナ芋と呼ばれています。麺好きの鬼平向けに、温麺仕立てにしたところが奇抜な逸品です。

第三十七回

鮭皮の隠元巻き

生鮭の皮の部分を使います。隠元《いんげん》は色よく塩茹《ゆ》でします。隠元を5本ほど束にして、鮭の皮を表にして巻き、楊枝《ようじ》にてとめ、照り焼きにします。五分切りにして盛りつけます。

皮まで愛して……

江戸時代、初物として珍重されたものの第一位は初鰹。では第二位は？　これが初鮭。以下、初茄子《なす》、初茸と続きます。初鮭とは、秋になって初めて川を遡上する鮭のことで、いまの茨城県一帯を治めていた水戸藩ではことのほか珍重し、領内の川に上ってきた初鮭を毎年幕府と朝廷に献上していました。

幸田露伴は、鮭も大利根の安食《あじき》から取手《とりで》あたりのものは最も美味で、明治以前、江戸のお留守居茶屋と呼ばれる割烹店では秋風が吹く頃になると、顧客に初鮭が入ったと案内したそうだと書いています（「鱸《スズキ》」『露伴全集　第三十巻』）。

鬼平が活躍していた天明期の川柳には、「初ざけをよつぎ（四つ木）で釣り人見てもどり」というのがあります。四つ木は現在の葛飾区四つ木のことで、荒川に面した場所ですから、江戸の川にも鮭は遡上していたことがわかります。遡上直前に海で獲ったものが一番うまいという説と、海から川に入って一日目から三日目あたりが最高という説といろいろあり、築地の仲買人にいわせると、川の水をひと口でも飲んだ鮭は味が落ちるといいます。では鮭の川として名高い新潟の三面川《みおもて》のはどうなんだ、北海道の標津川《しべつ》のは？　南部の鼻曲がりは？　といった声があちこちからあがりそうですが、鮭の話題となると、関東以北の人たちはかまびすしくなります。

昔は生魚の保存が難しかったので、初物を生や薄塩で賞味したあとは、干物か塩蔵品にしました。元禄のころにはすでに蝦夷《えぞ》地の特産品として「干鮭」、陸奥《むつ》国の特産品として「鮭の塩引」の名前が見られます。宝暦のころの川柳にも「塩引はなますになるが暇乞《いとまご》い」の句があります。塩引は最後には頭だけ残り、その軟骨部分を薄くそいで二杯酢につけた「氷頭膾《ひずなます》」を作って食べて終わり、つまり「いとまごい」になるという意味で、塩引が庶民レベルの食べ物として定着していたことがうかがい知れます。また、年末の煤《すす》払いが終わって振舞われる膳にも欠かせないものでした。江戸時代のものの本に出ている塩引の製法は以下のとおりです。

生鮭のえらと内臓を抜き、鱗はそのままにして、よく塩をし、十日ばかり置く。塩が行き渡ったところで、苞《つと》（わらで包む）にして、風通しのよいところへ十五日から二十日吊り下げておく。そのあと上塩を洗いとって、さかさまに吊っておき、水気がなくなったら、また苞にして風通しのよいところに吊っておく。昔の鮭の塩引はいまの薄塩とは違い、焼くと白く塩を吹くほどしょっぱいもので、一切れで何杯も飯が食べられたものです。近ごろはあまり見かけなくなりましたが、鮭より幾分小さく、また身も薄い鱒の塩引もあり、これもうまいもので、北大路魯山人も塩っ辛い鱒の塩引のほうを好んだと書いています。塩発酵とでもいうのでしょうか、鮭のたんぱく質が大量の塩でアミノ酸化し、しょっぱいけれども、その奥にえもいわれぬ美味《うま》さが潜んでいるのです。

北で育った人は総じて、鮭は皮までしっかり食べます。小さいときに鮭の皮を残したところ、北海道からやってきた叔母に、「ここが一番おいしいの。だまされたと思って食べてごらん」と言われ、それ以来、鮭の皮は私の好物になりました。

魯山人も「さけもますも皮を食べぬ人があるが、野暮な話だと言わねばならぬ」(『魯山人味道』中公文庫　一九九五年)と鮭の皮を礼賛。かの黄門様、水戸光圀《みつくに》公も鮭の皮が大好物で、「鮭の皮がもっと厚かったらなあ」と言ったとか、言わなかったとか。

作家の開高健氏は『最後の晩餐』(文藝春秋　一九七九年)の「一匹のサケ」というエッセイに、一片の鮭の味は「プルーストにとっての紅茶に浸したマドレーヌにも匹敵する喚起力を持つ」と書き、鮭にまつわる自らの切ない食体験を記していますが、われらが御頭に鮭についての思い出を尋ねたらどんな言葉が返ってくるでしょう。長谷川家での冷や飯喰いだった時代の塩引の記憶でしょうか、はたまた城に上がってから口にした初鮭の味でしょうか。

料理人・万作は脂の乗り切った生鮭の皮を使って、気の利いた一品を作りました。

第三十八回

たぬき汁

蒟蒻《こんにやく》は手で小さくちぎり茹《ゆ》でておく。人参、大根は乱切り、牛蒡《ごぼう》は薄くささがきにして水にさらし、葱《ねぎ》は五分のぶつ切りにする。鍋に油をひいて蒟蒻をよく炒め、人参、大根を加え、さらに炒める。だし汁を加えてやわらかくなるまで煮、味噌を溶き入れ、あくをとる。牛蒡と葱を加えてひと煮立ちさせて火を止め、器に盛り、薬味に一味唐辛子を添えて勧めます。

御頭、狸が蒟蒻に化けてしまいました！

………お熊の威勢のよい声が、

「ちゃんとわかっているよう、銕《てつ》つぁん。肴《さかな》は何だとおもう？」

「肴の仕度もしてくれるのか？」

「蒟蒻《こんにゃく》の千切《ちぎ》ったのを叩《たた》っこんだ、舌の千切れるように熱い……」

と、いいかけるのへ、

「ふうん、狸汁か……」

平蔵が、なつかしげな眼の色になった。………

（「鬼火5　丹波守下屋敷」文春ウェブ文庫巻之六拾・文春文庫新装版十七巻所収）


本物の狸の肉を食べたことがある人はそう多くはいないでしょう。知人では、唯一、音楽家の服部公一さんだけです。戦争中、郷里で兵隊の防寒具に毛皮を使うために狸を飼育していて、皮をはいだ後の肉を食べたのですが、これがなんとも臭くて閉口したそうです。食糧難の時代でも、食べられた代物ではなかったと語っていました。江戸時代の『関の秋風』という書物にも、狸汁をひと口食べたら誰もが首をかしげ、味わうほどにひどい匂いで鼻をつまんで吐き出した、とありますから、その匂いのひどさは尋常一様ではなさそうです。ところが同じ狸の仲間でも狢《むじな》とか「まみ」とかいわれるアナグマはうまいようで、貝原益軒は「まみ、味よくして野猪の如し。肉やわらか也。穴居す」と書いています。ちなみに東京・六本木の狸穴《まみあな》という地名は、実は狸ではなく、この「まみ」の棲家《すみか》に起因していると思われます。

文藝春秋への最寄駅は、地下鉄東京メトロ有楽町線「麹町」ですが、江戸時代、このあたりには有名な「ももんじ屋」、つまり獣肉を食べさせる店がありました。ももんじとは妖怪のこと。当時、肉食をほとんどしなかった庶民は、こう言って極度に獣肉を嫌っていました。「狩場ほどぶつ積んで置く麹町」。猪や鹿といった獣を、狩場のように店の前に積んで置くももんじ屋をうたった川柳です。狐や狸も食べていたようで、「麹町狐を馬にのせて来る」「きのふまで化かしたやつを麹町」という句も残っています。昔は、獣の肉を食べるのを「薬喰い」と言い訳していましたが、浜田義一郎の『江戸たべもの歳時記』(中公文庫　一九七七年)によると、狐は慢性のできものに、狼は五臓を補うのに効果があり、狸はなんと痔《じ》の薬なのだそうです。また、なぜか狸と蕎麦《そば》は食い合わせが悪いとも書いてあります。

さて、冒頭で引用した狸汁の実は、狸の肉ではなく蒟蒻。なぜ蒟蒻が狸に化けたかというと、江戸時代の画家・酒井抱一《ほういつ》の『屠龍工随筆』によれば、「狸を汁にて煮て喰うには、其肉を入れぬ先、鍋に油を別ていりて後、牛蒡蘿蔔《ごぼうらふく》（＝大根のこと）など入て煮たるがよしと人のいへり、されば蒟蒻《こんにやく》などをあぶらにていためてごぼう大こんとまじへて煮たるを名付けて狸汁といふなり」。つまり、狸汁を作る要領で蒟蒻を油で炒め、大根、牛蒡などを入れたのを狸汁と名付けたというわけです。

蒟蒻はインドあたりが原産で、江戸時代になってから大衆化した食材です。値段は豆腐の四分の一から五分の一で、居酒屋や煮売り屋では蒟蒻の煮〆が人気メニューでした。鬼平犯科帳シリーズにも蒟蒻は数回登場します。田楽から和えもの、炊き込みご飯にした握り飯まで、そのほとんどが文春ウェブ文庫巻之四拾「密告」（文春文庫新装版十一巻所収）以降、ことに前出の「鬼火」各章あたりに集中しています。

若いころはさほどうまいと思わなかったものが、年齢とともになぜか美味《おい》しく感じられるようになることは多々あります。それが池波正太郎氏の場合は蒟蒻だったのではなかろうか。蒟蒻をうまく食べる鉄則は、から煎《い》りしたり、炒めたりして水分を飛ばすこと。さすが鬼平犯科帳に登場する蒟蒻メニューは、そのひと手間を欠かしてはいません。

料理人・万作は、お熊さんにも負けない、舌の千切れるように熱いたぬき汁をこしらえました。冷え切った体を芯から温めてくれる実だくさんのお汁です。

第三十九回

ちしゃとうの味噌漬け

ちしゃとうは5センチほどの長さに切り、皮をむきます。密閉容器に白味噌（好みによって酒と味醂《みりん》でのばします）を敷き、ちしゃとうを1日ほど漬け込みます。勧める時には味噌を去り、出します。

人間、とうが立ったぐらいが味がある。

前回の狸汁もそうでしたが、寒さが厳しくなると、なぜか味噌味が恋しくなります。

江戸の昔もそうだったようで、江戸時代の料理本にも冬には味噌味の料理が多く出てきます。「蕪《かぶ》の山葵《わさび》味噌和え」とか「貝柱のきざみ味噌」、「鰹《カツオ》の味噌漬け」、冬から春にかけての江戸の珍味、白魚の出始めを使った「はしりの白魚　敷胡麻《ごま》味噌」といった献立がみられます。白魚の敷胡麻味噌とは、フランス料理のソースのように、胡麻味噌を敷いたうえに白魚をのせるわけで、なんともおしゃれです。

「牡蠣《カキ》田楽山葵味噌」、「味噌煎り牡蠣」、さらには「牡蠣と松露の味噌和え」……。

冬の味覚である牡蠣は味噌と抜群に相性がいいことから、いろいろな味噌味メニューに仕立てられています。松露は、いわば和風トリュフですから、これもなんとなくフランス料理を彷彿させます。フランス料理といえば、西洋料理にはかかせないレタスが、江戸時代にはすでに食されていたことをご存じでしょうか。

ちさはまだ青ばながらになすび汁　（『芭蕉翁真蹟集』）

松尾芭蕉の句です。「ちさ」とは「ちしゃ」つまりレタスのことで、この句が作られたのが元禄七年（一六九四）ですから、そのころにはすでに栽培されていたことがわかります。ちしゃはれっきとした外来種で、萵苣、または苣と表記され、『延喜式』や『続日本紀《しょくにほんぎ》』にすでにその名が見られます。中国から入って来たものと江戸時代にオランダあたりから入って来たものとあって、西洋渡りのものはオランダヂサとよばれていました。レタスとはいっても球状にならない種類で、葉を摘んで、お汁の実などにして食べていました。江戸の料理本には、春の汁物として、ちしゃの葉を細かく刻んで吸物にするとあります。ちしゃの茎の部分が成長し、いわゆる「とうが立った」のが「ちしゃとう」（萵苣薹と書きます）で、これは葉ではなく茎そのものを食べます。宮崎安貞『農業全書』には、「たう（とう）の立たるを折て、皮をさり水に漬、苦味をぬかし、醋（酢）に浸し、膾《なます》のつまにし、紫蘇《しそ》漬などにし珍敷《めずらしき》物なり」とあって、林春隆著『野菜百珍』にも、

「味噌あえ、辛子あえ、胡麻あえ、白あえ、その他浸しもの、三杯酢に独活《うど》、糸湯葉など入れて。汁の実ことによし、落し辛子を加えて。生にて酢味噌で食うもまた佳し。その甘みと香りを悦ばれる」

とありますから、いまよりよっぽど市民権を得ていた野菜だったことがわかります。

形状は、緑色をした独活《うど》を想像されると近いと思います。生でかじると、レタス特有の青臭さとほろ苦さがありますが、皮をむいてさっとゆがけば、ヒスイを思わせる鮮やかな緑色に変わり、甘みが増します。ブロッコリーの茎にも似ています。いずれにせよ、ぱりぱりとした歯ごたえが身上で、江戸時代においては数少ない生食の野菜、いわば江戸のサラダでした。

現在では、ちしゃとうは正月のおせち料理や茶懐石の食材などに用いられています。先に引いた芭蕉の句は、島田（静岡県）で作ったもので、いまも静岡県はちしゃとうの産地です。ちなみに静岡県からは「とむぎ」の名で出荷されています。東京近郊では、千葉県鋸南《きよなん》町が一大産地。年末になると値段が三倍ほどにもはねあがります。繊維が竹に似ていることから、斜めに切って竹に見立て、おせち料理のお重に入れるので、急に需要が多くなるからです。

味噌はどんな食材にも合う偉大な〝ソース〟。料理人・万作は、ちしゃとうを味噌漬けにして、御頭にお出しすることにしました。独活の糠《ぬか》漬けが大好物の御頭のことですから、ちしゃとうのほろ苦さも歯ごたえもお好きなはず。「人間、とうが立ったぐらいが味がある、なあ、忠吾」なんて言いながら、ぱりぱり、ぽりぽり。白味噌の甘さと独特の歯ごたえに、御頭もついつい酒を過ごしてしまいそうです。

第四十回

揚げ慈姑の敷き鶏そぼろ餡

くわいは芽を残し六方にむきます。くちなしの実を入れて茹《ゆ》でた後、水でさらします。さらにだし（薄口八方地）にて炊き、片栗粉をつけてサラダ油で揚げます。鶏のひき肉を使ってそぼろ餡《あん》を作り、それを敷いて、先のくわいを乗せます。三つ葉と水辛子を添えて勧めます。

辰蔵めに食わしてやりたいわ。

芋酒や鴨、新牛蒡《ごぼう》を入れた軍鶏《シャモ》の臓物鍋、卵酒に鰻《ウナギ》……。鬼平犯科帳には〝精のつく〟食べ物が多く登場します。これらは、妻の久栄や友人の岸井左馬之助相手に、平蔵がきわどい冗談をいうタネになったりもします。

逆に〝精をそぐ〟と信じられていた食べ物もありました。鬼平犯科帳の中には出てきませんが、慈姑《くわい》がそれ。多く食べると精力が減退するといわれていました。江戸時代には、くわいは艶笑のネタで、以下のような小咄《こばなし》も残っています。

月代《さかやき》ぼうぼうと、やせおとろへた若い人、八百屋の店へ来て、「くわいを買いたい」といふ。八百屋の亭主が、少し医者心もある人ゆへ、「アアお前、そのお顔色で、くわいをあがるは、水（精液）をへらして、散々悪ふござる。山の芋になされ」といふ。買ひに来た人「イヤ女房に食はせます」

（安永二年刊『今歳咄』より／興津要『江戸食べもの誌』旺文社文庫　一九八五年）

くわいはオモダカ科の水生多年草。地下の塊茎を食用とし、主成分はデンプン。ビタミンB_1とビタミンE、リンなどが比較的多く含まれています。これがなんで精力減退の食べ物かというと、逆にくわいは強精食物だからとの説があるから話はややこしい。

くわいは、昔のものの本では「腎経に入り旧水を去り、新水を養ひ小便を利す」。直截にいえば新しい精液を作りだす効能アリ。多食をすれば精力旺盛、房事過多となる。つまりあっちの回数も多くなって、必然的に体力低下、精力減退につながるというのですかねぇ……。

くわいが本当に精力をそぐものなら、平蔵としては、房事過多気味の木村忠吾や、精力をもてあまし気味の息子辰蔵に食べさせ、もう少し落ち着いて職務や剣術に励んでもらいたいと願うところでしょう。しかしこれが逆効果だとしたら……。

「俗説はわからぬものよ、馬鹿につける薬はないわ」などと悩む鬼平の姿が目に浮かびます。

くわいの原産地は中国。東は朝鮮半島から日本列島、西はインドあたりにまで分布しています。日本には平安時代に渡来しました。一説によると、豊臣秀吉が京都の内外を洛中、洛外と定め土居を築いた際、土を採った後に多くの低地ができ、そこへ水藍《みずあい》を栽培。その裏作としてくわい作りが盛んになったとか。かつては大阪・吹田や京都で多く栽培されていましたが、いまでは西は広島、東は埼玉が名産地です。十一月から三月あたりまでが収穫期。慈姑の名は、ひとつの塊茎に二十二の〝子〟をつけるため、「慈姑(母)の諸子を乳するが如し」、つまり慈しみ深い母親が子どもに乳をやって育てているような形状からつけられたそうです。

丸い塊茎からちょこんと芽が出ていることから、「芽が出る」と縁起をかつぎ、正月料理や三月の節句には欠かせない食材でした。

江戸時代の料理本には、薄く切って汁の実、塩煮、色付くわいなどの調理法が記されています。現在では茹でて皮をむき煮物やきんとんにしたり、寄せ鍋の材料にもします。シャリシャリとした歯ざわりとほろ苦さが身上で、皮つきのまま素揚げにすると、これが酒の肴《さかな》としては簡単かつ禅味あふれる逸品となります。

昔からくわいはオモダカと混同されますが、くわいに似たオモダカの葉を紋所とした沢瀉《おもだか》紋は、「勝ち草」といわれて戦陣で珍重され、毛利氏は旗指物につけていました。

鬼平の先祖は〝三河以来〟を誇りにした旗本ですが、三河からでた水野、酒井、松平といった諸大名はこれを使い、江戸時代にはかなり流行した紋所だったそうです。

ちなみに長谷川平蔵の定紋はオモダカではなく、藤をかたどった「左三藤巴《ひだりみつふじどもえ》」です。

第四十一回

焼き松笠アワビ

アワビは殻からはずし、肝をはずして表面に鹿《か》の子《こ》に包丁をいれます。酒、醤油をつけ、網で焼きます。松葉串に刺した黒豆を添えて勧めます。

打ち、勝ち、喜ぶ。火盗の出陣もかくありたい。

江戸の春は深川・洲崎《すさき》から。弁天社（現・洲崎神社、江東区木場六丁目）あたりは元日ともなりますと、初日の出を拝もうという人々でごったがえしました。

『江戸年中行事』によると、「明七ツ頃より群集す」、つまり午前四時頃から人が集まり、酒売りや餅売りが出て、それはうるさかったそうです。

われらが御頭も「本所の銕《てつ》」とか「鬼銕」とか呼ばれていた時代には、大晦日《おおみそか》から夜通しで飲み、洲崎へ繰り出したことがあったやもしれません。家督を継ぎ、お先手弓頭になってからは、正月二日に無紋の狩衣《かりぎぬ》＝布衣《ぬのぎぬ》を着、烏帽子《えぼし》をつけての「御礼登城」が義務づけられていました。譜代大名などの〝元日組〟は、お城で兎の御吸物を賜りましたが、鬼平は兎汁が好物でもいただけなかったようであります。

ところで、武家ゆかりの正月の食物には熨斗《のし》アワビ（打ちアワビともいう）と勝栗、昆布などがあります。戦国時代の出陣には、敵に「打ち（打ちアワビ）、勝ち（勝栗）、喜ぶ（昆布）」ようにと、三品を肴《さかな》に酒を飲んで臨みました。勝ち戦のときは、「勝ち、打ちて喜ぶ」と勝栗、のしアワビ、昆布の順に口にしたそうです。武士の家では、神前のほか、鎧兜《よろいかぶと》（具足《ぐそく》）の前にも鏡餅を飾り、これを具足餅といっていました。具足餅には前記の三品のほかに、榧《かや》や串柿（干柿）などを飾りました。

また江戸では松竹梅をはじめ、白米、橙《だいだい》、勝栗、のしアワビ、昆布、串柿など、めでたい食物を三方に積んだ食積《くいつみ》を飾り、正月来る最初の客に出し、少し客に取ってもらうのが常でした。食積のかわりにのしアワビだけを出す家もありました。

現代でも贈り物をする際には熨斗《のし》をつけますが、そのもとになったのが、こののしアワビ。なぜめでたいかというと、アワビは伊勢の大神の大の好物で、神代の時代から、伊勢神宮には神饌（お供え物）としてアワビが奉納されてきたことに由《よ》るようです。

のしアワビは、生のアワビをりんごの皮のようにひも状にむき、天日で干し、包丁で切り束ねたもの。いまでは三重県志摩半島の国崎《くざき》でしか作られていません。後世になって、打ってのばした干しアワビを祝いの品につけるのが儀礼となり、現代の熨斗へと変化しました。またアワビは脂肪が少なく、良質のたんぱく質の塊《かたまり》。旨味《うまみ》の素であるグルタミン酸と、元気の素、タウリンを多く含んでおり、昔から不老長寿の食物とされてきました。母乳の分泌や眼病にもよいそうです。生で食べた時の独特のコリコリ感、これは美容に効果があるというコラーゲンが豊富なせいです。美容と健康、出産・育児、長寿によいとなれば、女性が見逃すはずはありません。伊勢の大神がアワビを召し上がるのもむべなるかな、であります。

江戸の近くでは上総《かずさ》（千葉県）と伊豆（静岡県）がアワビの名産地でした。江戸時代の正月料理には、アワビのわた（内臓）と、トコブシ（アワビの仲間）で作った「ふくだめ」や煮汁を煮立て、薄切りのアワビをしゃぶしゃぶのようにしていただく「ふくら煎」などのメニューが見られます。

生、煮る、焼く、どうやってもうまいアワビですが、「もう、アワビの顔を見たくない」という経験をしたことがあります。三十年近く前、北海道・江差を訪れた時のこと。江差はエゾアワビの産地、昼間からアワビのフルコースで酒盛りです。刺身や酒蒸し、肝の湯がいたやつなんぞをやっつけて、いい気持ちでその日の宿に帰ると……、アワビの舟盛りがどーん！　安い民宿なので、ろくな料理が出ないだろうと油断していたのです。ごちそうを前にして、箸が進まない私に同行の先輩が教訓を垂れました。

その一、米の飯は毎食食べられるが、珍味は毎食では飽きる。その二、飽きのこない米の飯のような女房をもらうべし。なんだか訳のわからない説教でしたが、アワビという字は魚偏に「包」、「飽きる」という字に似ているなぁ、と思ったことを記憶しています。

さて料理人・万作は、このめでたいアワビを贅沢にも網焼きにしました。タレはシンプルに酒と醤油、飽きのこない逸品です。

第四十二回

鯛のちり蒸しみぞれ餡かけ

鯛の頭をふたつに割り、さらに一口ぐらいに切り、焼き目をつけて鱗を取ります。器に昆布を敷き、鯛の頭と椎茸を盛って酒をふりかけ蒸します。鍋に、吸い物味より少し強めのだしと絞った大根おろしをいれ、片栗粉を加えてみぞれ餡《あん》をつくります。蒸し上がった鯛にみぞれ餡をかけ、白髪葱《しらがねぎ》、針柚子《ゆず》をちらします。

御頭、恐るべし！

………今戸焼の筒形の花入れに、咲きそめた桜の一枝が挿《さ》しこまれてあった。

それを真中《まんなか》に置き、五人の男と一人の女が酒をくみかわしている。

四つほどの重箱には、軍鶏を酒と醤油で煮つけたものや、蕨《わらび》の胡麻《ごま》あえや、豆腐の木の芽田楽などが詰めてあり、大皿には鯛の刺身がもりつけられてあった。

五人の男は、いずれも、火付盗賊改方の密偵である。………

（「密偵たちの宴」文春ウェブ文庫巻之四拾参・文春文庫新装版十二巻所収）


鯛は外洋性の魚です。東京内湾ではそれほど獲れなかったようで、港区にある縄文時代の伊《い》皿子《さらご》貝塚には、真鯛ではなく黒鯛の骨が多く出土しています。それが江戸期に入ると漁法と輸送技術の発達で、江戸でも新鮮な鯛が食べられるようになりました。

水産学者の長崎福三氏によると、寛永年間、三代将軍徳川家光のころには、駿河（静岡県）地方の各浦々に活鯛場といわれる鯛の生簀《いけす》が設けられ、幕府の慶事などに活鯛を納入できるまでになっていたそうです。また江戸中期に出版された『続江戸砂子』（享保二十年）には江戸随一の名産は鯵《アジ》で、鯛、平目がこれに続く（長崎福三『江戸前の味』成山堂書店　二〇〇〇年）とあり、鬼平の時代の半世紀前、江戸には新鮮な鯛が流通しており、密偵たちが鯛の刺身で宴会をしても、おかしくなかったというわけです。

　刺身の美味さもさることながら、鯛は捨てるところがないといわれるほど、どの部位も味わい深いものです。頭や中骨などはもちろん、皮や鱗、内臓、えらのはてまで食べられます。皮はさっと湯がいて青葱《ねぎ》とポン酢で和えたり、心臓、食道、胃、肝臓といった内臓はよくお掃除し、水にさらして、湯がいたり、甘辛く煮つけたりすると絶妙な酒の肴《さかな》になります。また中鯛以上の鱗は、洗って軽く塩をし天日で干した後、油で揚げると〝うろこチップス〟になります。口に入れると、秋の落ち葉を踏みしめた時のような音とともにハラハラと崩れ、まるで雲母《うんも》を食べているかのような食感が面白い。えらに至っては、ていねいに水洗いし、天日に干し、油で揚げて〝えら煎餅〟にするそうです。これは大阪の浪速割烹「㐂川」の受け売り。真鯛とはここまで徹底して味わいつくすべき魚なのであります。もっとも新鮮な天然ものでなければ、そこまでする価値がありませんが……。鯛の部位のなかでいちばん美味《うま》いところといったら、意見が分かれるところですが、鯛の頭《かしら》を「まずい」という人は、まずいないでしょう。江戸の料理本『鯛百珍』のなかには、頭だけの料理は出ていませんが、潮汁《うしお》、あら炊き、山椒煮、かぶと焼き、鯛かぶらなど、頭を使った料理は結構あり、そのどれもが身自体より旨味《うまみ》が出て味わい深いものです。

昔の人も、鯛の頭の美味さを知っていたようで、鎌倉から室町時代にかけての草戸千軒遺跡（広島県）から出土した魚の骨は真鯛がいちばん多く、その頭部は例外なく出刃包丁のような刃物で「かぶと割り」にされていました（松田常子『鯛』柴田書店 一九九九年）。この「かぶと割り」、実際にやってみると結構難しいもので、鯛の頭の上部を手前に置いて、上の前歯の中央に出刃包丁の刃先を入れ、一気に刃を下ろさないとうまくいきません。

津本陽氏に、明珍の兜《かぶと》を真剣でまっぷたつにする『明治兜割り』という小説がありますが、真鯛の頭をさばくときはそのくらいの気合でいかないと出刃が途中でひっかかったりし、見苦しい結果になるものです。

さて、冒頭に引用した「密偵たちの宴」は、相模の彦十以下おなじみの面々がたまには昔の盗賊時代の腕を見せようと、御頭である長谷川平蔵の目を盗んで〝いたずら〟をする話ですが、最後には御頭がすべてお見通しだったことがわかり、女密偵おまさが荒れるという落ち。火付盗賊改方も真鯛も「御頭、恐るべし！」であります。

料理人・万作は寒鯛の頭を蒸し物にしました。柚子《ゆず》の香りがうれしい真冬の逸品です。

【料理人・万作】

東京・四谷「割烹万作」主人。駿河の国は清水港の産。年齢不詳。自分の店のカウンターに長谷川平蔵を座らせて、鬼平好みの料理を勧めたいと包丁をとってくれた。

「こんな料理が食いたい」というとイメージどおりの逸品が出てくるからうれしい。

四谷・若葉町で世のオヤジどもを癒してくれるような、隠れ家的店である。

住所　〒一六〇―〇〇一一
東京都新宿区若葉一―九―十六　田中ビル地階
電話・ファクス　〇三―三三五八―六五四六
もっと情報が欲しい方は、こちらへ
http://www1.ttcn.ne.jp/~mansaku/

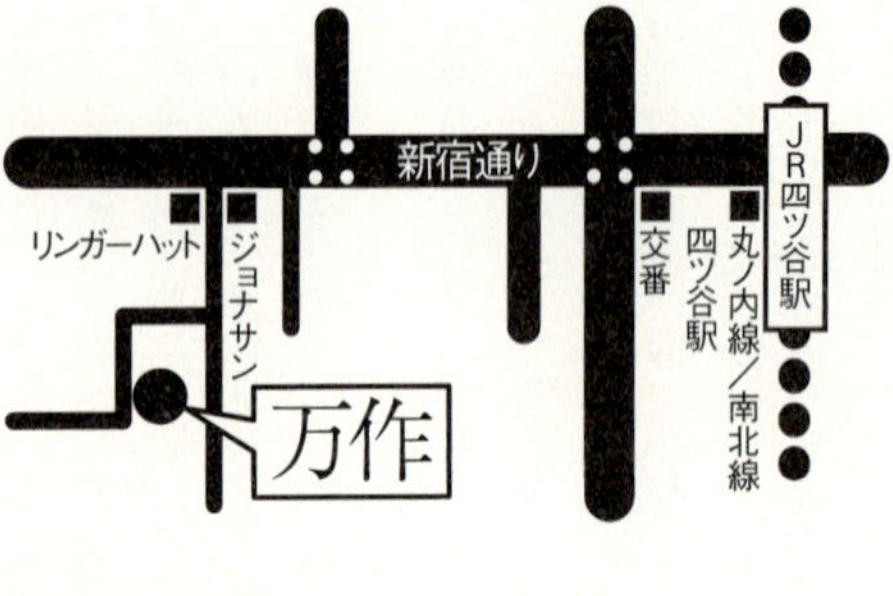

初出
「文春ウェブ文庫」ホームページ
二〇〇二年四月二十三日より
二〇〇四年一月二十七日まで公開の四十二回

文春文庫

鬼《おに》平《へい》舌《した》つづみ

定価はカバーに
表示してあります

2004年6月10日　第1刷

編　者　文《ぶん》藝《げい》春《しゆん》秋《じゆう》

発行者　庄野音比古

発行所　株式会社 文 藝 春 秋

東京都千代田区紀尾井町 3-23　〒102-8008
TEL 03・3265・1211
文藝春秋ホームページ　http://www.bunshun.co.jp
文春ウェブ文庫　http://www.bunshunplaza.com

落丁、乱丁本は、お手数ですが小社営業部宛お送り下さい。送料小社負担でお取替致します。

印刷・凸版印刷　製本・加藤製本

Printed in Japan
ISBN4-16-766073-3